日本民艺馆

〔日〕坂田和实
尾久彰三
山口信博 著

徐元科 译

Sakata Kazumi

Ogyu Shinzo

Yamaguchi Nobuhiro

新星出版社　NEW STAR PRESS

NIHON MINGEIKAN E IKOU by Kazumi Sakata, Shinzo Ogyu, Nobuhiro Yamaguchi
Copyright © Shinchosha 2008
All rights reserved.
Original Japanese edition published by SHINCHOSHA Publishing Co., Ltd.

This Simplified Chinese language edition is published by arrangement with
SHINCHOSHA Publishing Co., Ltd., Tokyo in care of Tuttle-Mori Agency, Inc., Tokyo
through Beijing GW Culture Communications Co., Ltd., Beijing.

图书在版编目（CIP）数据

日本民艺馆/（日）坂田和实,（日）尾久彰三,（日）山口信博著；徐元科译.
—北京：新星出版社, 2017.1
ISBN 978-7-5133-2087-0

Ⅰ.①日… Ⅱ.①坂…②尾…③山…④徐… Ⅲ.①民间艺术－博物馆－介绍－东京市 Ⅳ.① J11-283.13

中国版本图书馆 CIP 数据核字 (2016) 第 072574 号

日本民艺馆

（日）坂田和实　（日）尾久彰三　（日）山口信博 著　徐元科 译

策划编辑：	东　洋
责任编辑：	汪　欣
责任印制：	李珊珊
装帧设计：	@broussaille 私制
美术编辑：	Caramel

出版发行：	新星出版社	印　刷：	北京汇瑞嘉合文化发展有限公司
出 版 人：	谢　刚	开　本：	889mm×635mm 1/32
社　　址：	北京市西城区车公庄大街丙 3 号楼 100044	印　张：	4.5
网　　址：	www.newstarpress.com	字　数：	23 千字
电　　话：	010-88310888	版　次：	2017 年 1 月第一版 2017 年 1 月第一次印刷
传　　真：	010-65270449	书　号：	ISBN 978-7-5133-2087-0
法律顾问：	北京市大成律师事务所	定　价：	58.00 元

读者服务：010-88310811 service@newstarpress.com
邮购地址：北京市西城区车公庄大街丙 3 号楼 100044

版权专有，侵权必究；如有质量问题，请与印刷厂联系调换。

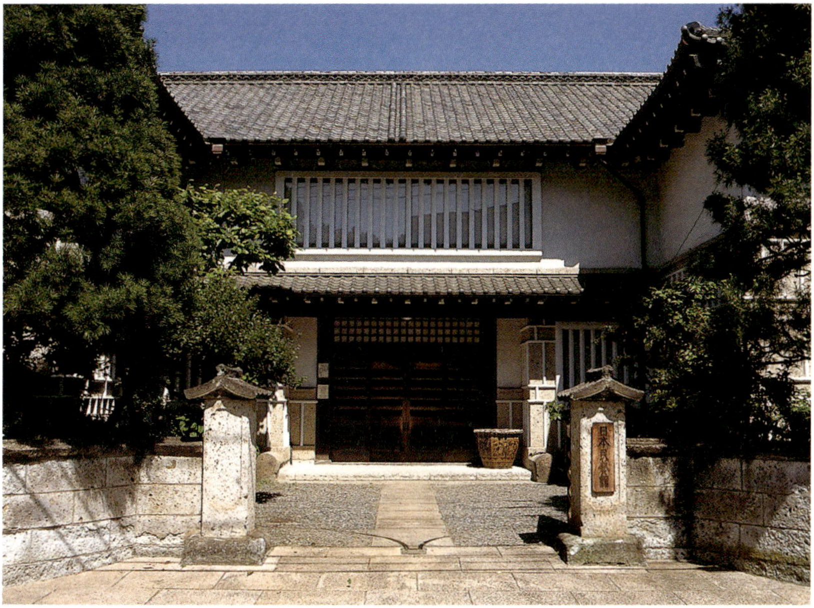

目录

第一章 22件精美物品 古董鉴赏家坂田和实的精心选择 – 1

  明快之器·日本　3
  纯民艺派宣言　20
  闲适之器·李朝　25
  我挑选的22件物品　35
  远方之器·中国与西洋　41

第二章　三人谈 造型·喜好·实用 – 53
第三章　故事与传说 – 77

  哲学青年之梦　80
  扫帚与空袭　88
  新干线是民艺吗？　94

第四章　与民艺一起生活的人家 – 101

附　录　日本民艺馆导游图·购买指南 – 121

地图手绘：川上和生

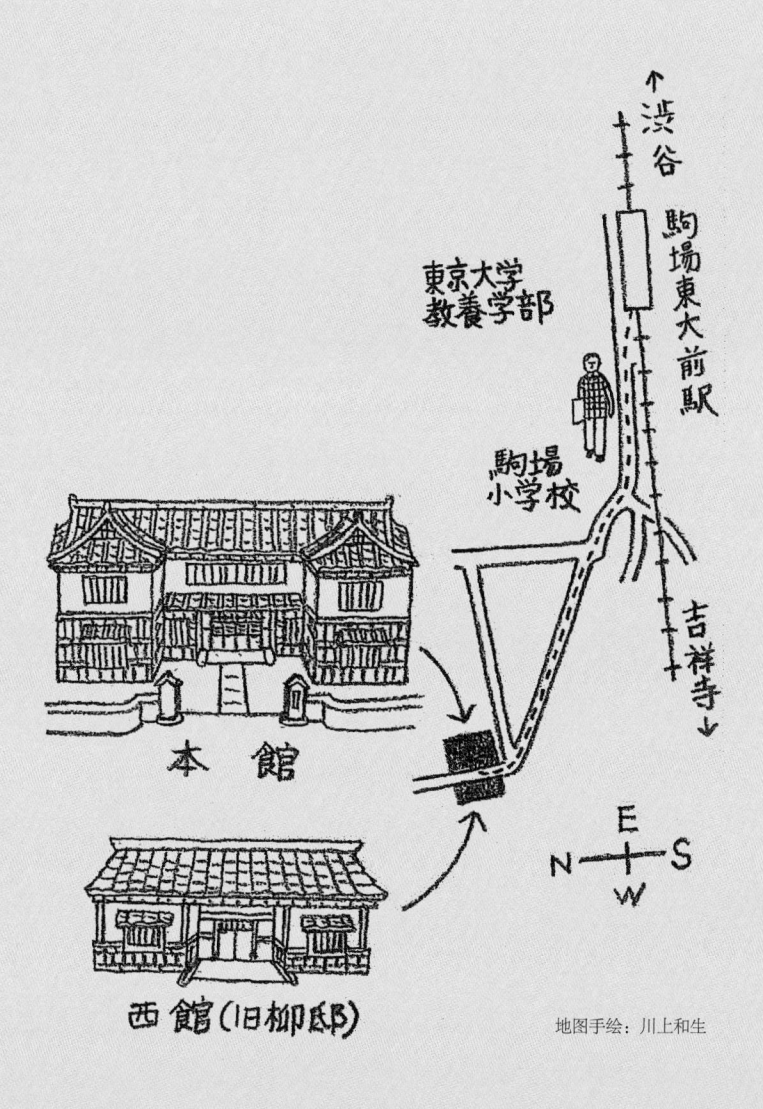

欢迎光临日本民艺馆

摄影・柳下玲子

在入口处换上拖鞋,走在冰凉的大谷石上,非常惬意。
小小的凳子用于馆内茶会,出自柳宗悦的创意。

走进馆来，便是令人怦然心动的宽敞大堂。连接上下楼梯的大楼梯
扶手前端也是柳氏的设计，据说遭到过友人滨田庄司的极力反对。

由于大门上的倒棱玻璃有三棱镜的功效，黄昏时分在门口可以欣赏到美丽的彩虹。

看似欧洲中世纪的铁艺,
其实是开馆之时由益子（地名）的工匠制作的。
返回之际脱掉拖鞋,抬头就可知其庐山真面目。

朝阳透过窗户照在陈列室的木质地板上。
开馆时间为昭和 11 年（1936），从展台到灯光，所有的空间设计均出自创立者柳宗悦之手。
温莎椅令人一进馆就产生坐一下的冲动。

序

本书由《艺术新潮》平成17年（2005）7月特刊《生活设计之源——走进日本民艺馆》重编、增补而成。编辑部对特刊意图做了如下说明：

"迄今为止，《艺术新潮》已经做过几期有关民间艺术的报道专题。重新审视这些报道，发现谈到民间艺术的思想亦即柳宗悦（1889~1961）的言论时，往往带有批判的口吻。

"无款品、实用品、传统、非个性、便宜、简素、健康——在谈到简称为'民艺'的'民间工艺'的特点时，柳宗悦通常会罗列上述词语。开始筹备这本特刊时，我们想到，与其说把这些词汇用在他本人收藏的器物之上没有意义，不如说这种做法与过去的报道毫无二致。

"昭和11年（1936）开馆的日本民艺馆位于东京驹场，藏品凡17000件。包括陶瓷、漆器、染织、民间绘画、家具以及各种各样无年代、无产地、无用途的物件，全部由柳宗悦亲手挑选、搜集。因此，绕开柳宗悦而面对这些物件本身是很困难的。于是我们求助于古董鉴赏家坂田和实先生，请他从中挑选出自己认为美的物件，因为他和柳宗悦一样独具慧眼，不受已有价值观的束缚。这些物件既是柳宗悦偏爱的，也是坂田和实偏爱的。当然都是民间工艺品，但同时应该也是坂田店里平时摆放之物，器具匠人、厨师、建筑师乐于购买之物。

"这次采访，我往民艺馆跑了一周。摄影间隙，我坐在二楼拐角处古色古香的木椅上俯瞰下面的大堂，沉思良久。听着观众的拖鞋声、木地板的吱嘎声、风中摇曳的树叶声……忽然闹钟'当'地一响，休息时间结束，我站起身来，想了许多：偶然来到这里，静下心来仔细观察这些器物、布匹、家具的造型及其细部，这种观察在迄今为止的工作和日常生活中到底发挥着多大的作用？

"我边下楼梯边思考着只有这里才有的某种东西。这一思考现在依然在继续。"

这期特刊既新奇又刺激，于是，作为"蜻蜓丛书"再度推出。不管您是否去过日本民艺馆，读了本书之后，请一定屈尊光临最能展示柳宗悦的收藏品之美、东京最惬意的美术馆，亲自看一看、仔细想一想。（编辑部）

第一章

22件精美物品
古董鉴赏家坂田和实的
精心选择

白雪般釉色的温润,线条的明快、幽美,甚至使人联想到青花瓷中的上品。
伊万里青花桧垣纹猪口杯(局部),全图见 14 页。

明快之器・日本

像列队游泳的生物。
株札（一种纸牌，局部）；全图见19页

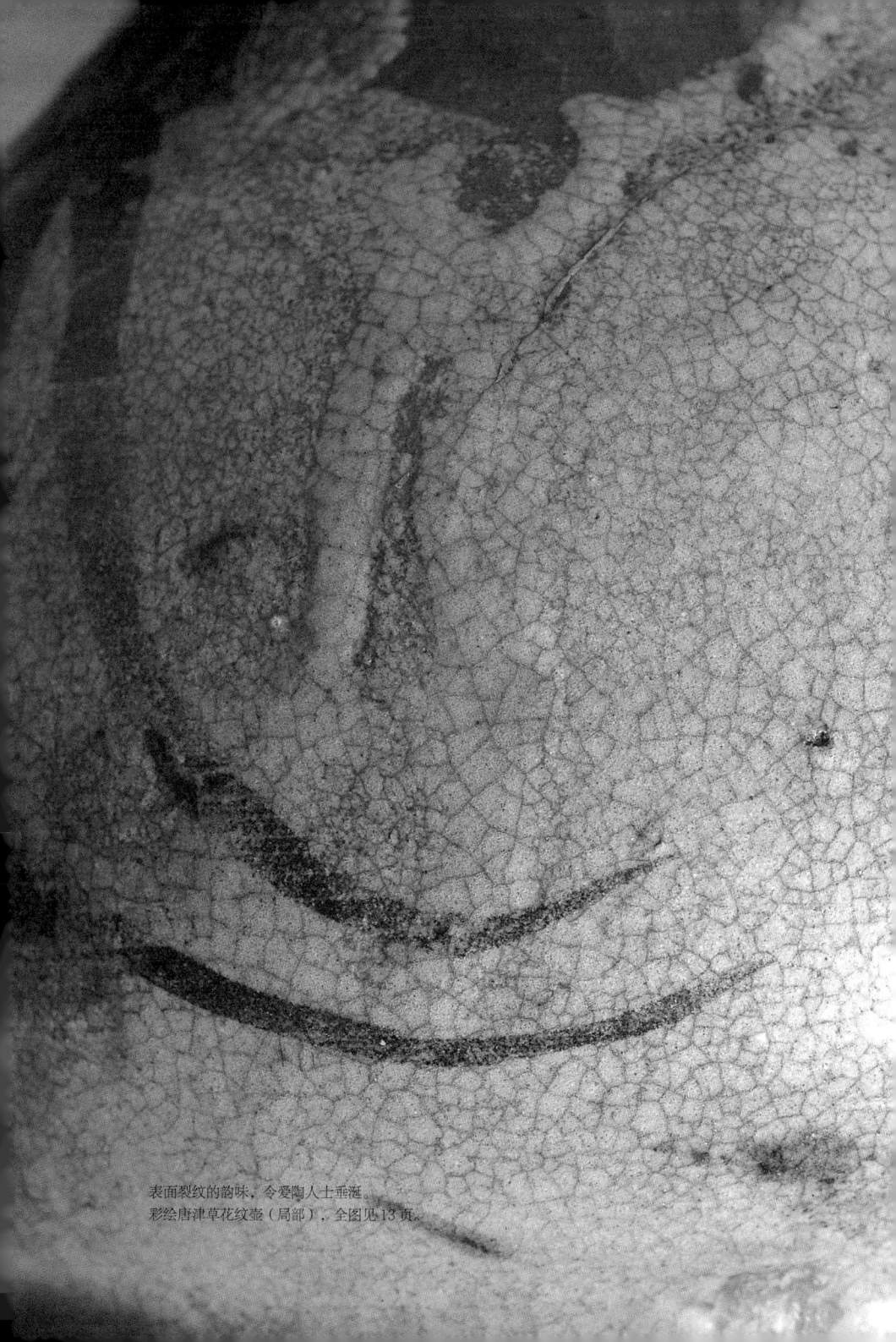

表面裂纹的韵味,令爱陶人士垂涎。
彩绘唐津草花纹壶(局部),全图见13页。

[左页] 瓷器与玻璃的色泽差异也令人期待。
古九谷彩绘丸纹壶（局部），全图见 17 页。

[右页] 感觉柔和的玻璃，颜色貌似鲜艳，实则质朴。
吹制彩色玻璃唐草纹六角三段重（局部），全图见 16 页。

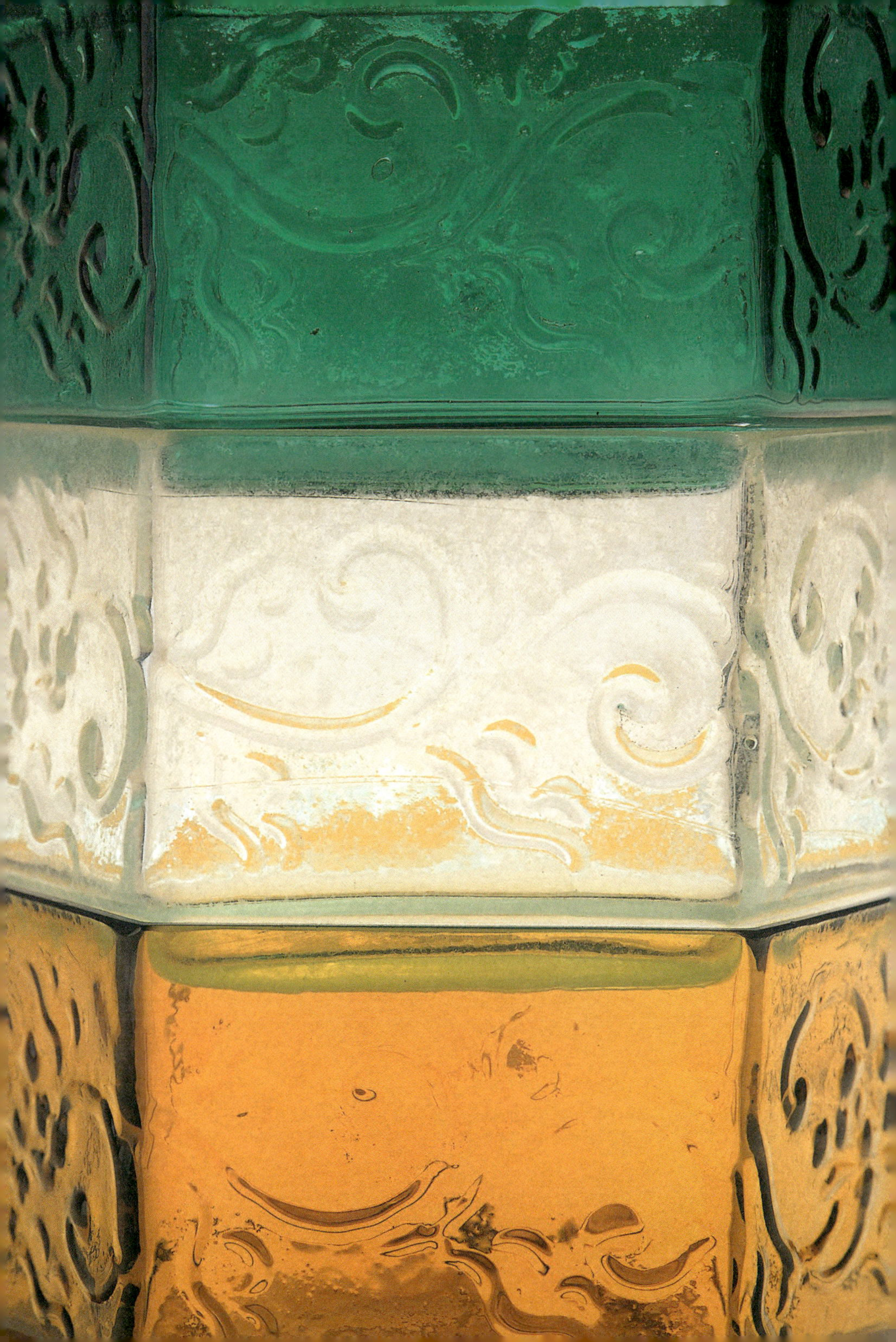

陶器与漆器,哪个更温润?
[左页]漆绘笹纹碗(局部),全图见 15 页。
[右页]弥生陶瓮(局部),全图见 12 页。

[1] 久米岛绸裂

日本人平时的服装或许过于单调,我觉得起码要有这种程度的纹理。

为上贡给琉球王室而织的布匹。
18 ~ 19 世纪 8.3cm×12.1cm

[2] 木棉乱纹蚊帐布

由于是用现成的碎丝编织而成,稍带一点"乱纹"。
尤根·列鲁(Jurgen Lehl,波兰出生的德国时装设计师)风格。
江户~明治时代(19世纪) 32.5cm×52.0cm

[3] 弥生陶瓮

涂朱的颜色很美,器形稳重、安静,我很喜欢。

长野县出土的瓮棺。无彩部分的宽度正好加入箆纹。
弥生时代(公元前3世纪~3世纪) 高40.0cm

[4] 彩绘唐津草花纹壶

唐津陶器的魅力或许也蕴含在其难懂之中。貌似喧嚣实则不然，亦不矫揉造作。

草花纹的花处像一张动物的脸，很有趣，背面有一道巨大窑裂。
桃山时代（16世纪）高9.7cm

[5] 伊万里青花桧垣纹猪口杯

器形简约,即便放置在现代餐桌上也无异样之感,或许正是因为猪口一直是普通用品之故。

器形花纹与釉色都无可挑剔,真要有此一件,别无他求。
江户时代(17世纪)高 5.6cm

[6] 漆绘笹纹碗
纹饰也很简洁，似乎仍可随意使用。

在南部地区的漆器中也算是品相拙朴的净法寺碗，竹叶纹刚劲有力。
江户时代（18世纪）高 9.3cm

[7] 吹制彩色玻璃唐草纹六角三段重

由于有铅的成分,未能达到完全透明,有点泛黄。有种柔和、温暖的感觉。

铅玻璃特有的灰暗色泽和吹制玻璃独特的柔和质感深受人们喜爱,是稀有的宝物。
江户时代(18世纪) 高 21.0cm

[8] 古九谷彩绘丸纹壶

小巧玲珑、大面积留白,形状也很可爱。

古九谷瓷器大多器形硕大、多色彩强烈纹饰,而此件器形小巧,风格独特,比较少见。
江户时代(17世纪) 高 11.0cm

[9] 伊万里青花网纹壶

肌理温润的陶器。

柳宗悦赞其为令人"内心生暖"之壶。
使伊万里陶瓷名声鹊起的宗师——古美术商人濑良阳介的捐赠品。
江户时代（17世纪）高 12.7cm

[10] 株札

线条毫不涩滞，纹饰舒展。

花牌游戏中使用的牌，虽然是廉价的消耗品，但是作为绘画来看也颇为秀气。绘画牌尤为精彩。
江户时代（18～19世纪）各 5.4cm×3.3cm

纯民艺派宣言

坂田和实 | 古董商

某年暑假,我每天浑浑噩噩饮酒度日,忽一日心生厌倦,想玩点有文化教养的东西,于是决定去逛两个美术馆。先去了位于品川的原美术馆。许多朋友跟我推荐说,虽然这家美术馆规模不大,但是展出着许多优秀的现代美术作品,而且建筑与作品相得益彰。去了一看,果然名不虚传。我心满意足地在面朝庭院的茶馆里喝了一会儿茶,又移步去了日本民艺馆。

位于驹场的日本民艺馆,展出着宗教哲学家柳宗悦穷尽一生搜集来的民间工艺品,是各地民艺馆的大本营。我的目的之一本是避暑,但这里却没有空调。我脱了鞋,从一旁的笸箩里拿了一把扇子,悠闲地在装饰着鲜花的馆内逛了起来。当时正好展出馆藏的许多伊万里陶瓷、中国古青花。欣赏着青花瓷冰凉的颜色、沐浴着穿帘而入的微风,只觉神清气爽,空调在这里的确多余。

两家美术馆各有千秋:一家专营表现自我的现代美术;另一家展出的

则是无心插柳之作，而且各个迥然不同。但是二者的美学基础都非常明确，展品与空间、建筑与附近的环境都很协调。也许有人觉得这些作为美术馆来说是理所当然的事情，但是要做到这些却格外不易。似乎越是大的美术馆，越是官办、公办的美术馆越容易受到既有价值观的束缚，从而导致其美学基础令人难以理解。另外，美术馆的品质不仅表现在展品上，也表现在博物商店、咖啡馆的勺子、馆内卫生间上。参观原美术馆和日本民艺馆的时候，打动我的与其说是展品，不如说是二者的经营理念和志向。

我最早接触"民艺"，是在18岁的时候。当时我去京都看姐姐，她带我去了一家名叫进进堂的咖啡馆。那里像一座图书馆，巨大的空间里只是摆放着一些简易的木制桌椅。当时我刚从乡下来到城里，无由得知这些家具出自民艺巨匠黑田辰秋之手，但是却嗅到一种无可名状的文化馨香，只觉内心猛地嵌入了一根楔子。转眼四十年过去，那根楔子不仅没有被拔出，反而越嵌越深，现在已经成了我身体的一部分。

就这样，我开始涉足古董行，一做就是三十余年，接触过形形色色的人：有搜集优秀佛教美术的人，有艺术院会员，有眼光独到却囊中羞涩的人。奇怪的是，很少有人公然宣称自己是民艺派。但据我的观察，在古董界被称为风云人物的一些人们虽然口里不说，但大都受到民艺的影响。说到民艺的拥趸，在容易被人疏忽的古董界，就有眼光锐利的青柳瑞穗曾毫不犹豫地表示："柳宗悦是淳朴的天才。"的确如此。每当有人问到我的立场的时候，虽然有些不好意思，我还是会鼓起勇气回答说自己是纯民艺派。

也许民艺协会的有关人员会因此感到不快。

《艺术新潮》委托我从日本民艺馆的馆藏中挑选30件物品，出一期该馆的特辑。一瞬之间，我感到一丝惶恐：这可是被称作天才之人的藏品啊！但是我生来倔强，听起来觉得有趣，没等对方说完就答应了。民艺馆的藏品我心中大致有数，刚开始觉得有一个小时就足够选出来了，但对方进一步解释说，不是挑民艺馆的代表作，而是挑我自己喜欢的东西，亦即想要放置在我身边、和我一起生活的物品。我是个古董商人，如果要挑选传统意义上的代表作，或者能赚钱的物品，自然不在话下，但是说到自己喜欢的，却有些为难——那就意味着要将自己的人格和生活方式赤裸裸地暴露于众人之前。接下来的一周，我愁苦不堪，整天喝闷酒。

最后挑选了22件物品。看到这些，也许有很多人会生气，这也是理所当然的事情——被认为是柳宗悦发现的大津绘、木喰佛、古丹波的陶器，他格外钟爱的船箪笥（衣柜）、阿伊努的衣裳、绘绊（一种织物）都没能入选嘛！本来从这些代表作当中挑选8件也可以应付，但是我遵守"自己喜欢的"这一原则，果断放弃了。

柳宗悦有言，观察物品的时候，要抛弃固有知识"直视"。我就是按照他的教导挑选出了22件物品。凝视这些物品，我不禁发现，美就存在于实用的日常工艺品之中，也就是说，先有物，后有理论。我也希望"直视"。这次挑选出来的物品应该和宗悦有很大的偏差，但这是我"直视"的结果。这种偏差或许源于民艺运动兴起的八十年之前和今天的时代差异，或许源于天才雅士与凡夫俗子之差，或许源于绝对之美与相对之美之差；或者更简单地说，将物品摆放在堂皇的居所之中，与放在都市的狭窄公寓之中，也会有很大的差别吧。

顺便提一下，另一位日本美术史上的天才千利休觉得，应该将物品放置在寂静的茶室之中。

笔直向上、高雅的粉红色是什么呢?
民间绘画《莲华图》(局部),全图见 30 页。

闲适之器·李朝

[左页] 裂纹、微垢与擦伤构成的名画，这超越了一般白色的白色属于什么器物呢？
白瓷大壶（局部），全图见 31 页。

[右页] 如同在暴风雨中的海上，又好似能看到半岛的影子，这是什么风景？
吴须刷毛引三段重（局部），全图见 33 页。

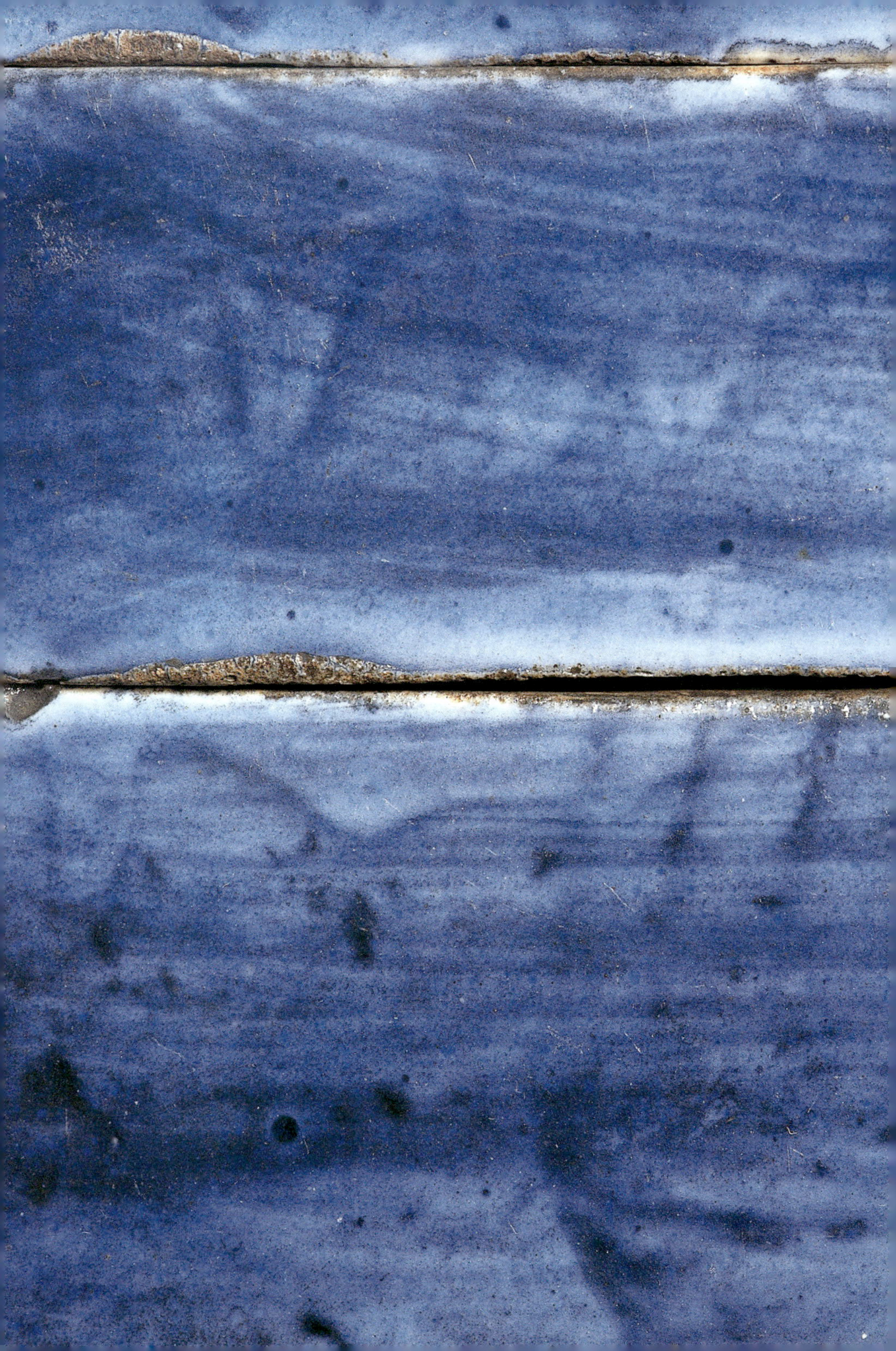

[左页] 如同被随意抛投的球状物是湖面上的月亮,带孩子的老爷子发型真酷!真想在这湖上酒馆饮酒啊。民间绘画《潇湘八景图 洞庭秋月·平沙落雁》(局部),"洞庭秋月"全图见34页。

[右页] 鸟人模样的是……

[11] 民间绘画《莲华图》

花瓣的粉红色高雅美丽。

莲花花瓣的粉红色高雅美丽,这幅是李朝民间绘画中的珍品。
朝鲜时代(18～19世纪)纸本着色 95.0cm×41.2cm

[12] 白瓷大壶
造型落落大方，略微扭曲、收口。最吸引人的是白瓷的颜色。

疑为朝鲜王朝景福宫中的厨房用品。
朝鲜时代（17～18世纪）高 53.1cm

[13] 白瓷盖物
圆溜溜的造型配上小巧有力的抓钮,真是绝妙。

蘑菇般的抓钮非常可爱。
朝鲜时代(18世纪)直径 10.5cm

[14] 吴须刷毛引三段重
李朝的 Good Design，放在当今的饭桌上也能用。

细长的形状很潇洒，内侧是白瓷。
朝鲜时代（18 世纪后半 ~ 19 世纪）高 16.3cm

[15] 民间绘画《潇湘八景图 洞庭秋月·平沙落雁》

曾被称为"帕波山水"。"帕波"(韩语)好像是傻瓜的意思。

这幅杰作疑为李朝民间绘画,山、鸟、人都画得令人愉悦,款字亦佳。
朝鲜时代(18～19世纪)纸本墨画 83.4cm×25.8cm(右/洞庭秋月)

我挑选的22件物品

坂田和实

本来编辑部要求我分别谈一谈这22件物品,但我却知之不多,于是只好谈谈自己挑选的理由和感想。就按顺序简单说说吧。

首先说日本的东西。冲绳的[1]久米岛绸裂也许会有很大争议吧,因为提起民艺馆的布,红型(一种染色技法)、绘绊、刺子(一种刺绣)、小巾(一种刺绣)、阿伊努的衣裳等都很有名。这些东西的质量之高我也知道,但是过于花哨,从现代服装的角度来看没法穿。日本人平时的服装或许过于单调,不过我觉得起码要有这件绸裂这种程度的纹理。

[2]蚊帐布也很朴素。据说由于是用现成的碎丝编织而成,因而叫作"乱纹"。

民艺馆和陶器,总觉得有点不搭界。柳氏的工艺理论是,无名的陶工的无心之作就是好,套用在丹波等江户时代的民窑上倒是恰如其分,但用在古代的陶器上就没有道理了。这件[3]弥生陶瓮涂朱的颜色很美,器形稳重、安静,我很喜欢。

接下来是［4］彩绘唐津草花纹壶。唐津陶器中，另外还有一件被列为重要文化遗产的算盘珠状的壶，但是我却一下子被这件满是窑裂的壶所吸引。唐津陶器的魅力或许也蕴含在其难懂之中吧。貌似喧嚣实则不然，也无斧凿之痕，是喜欢古董、喜欢陶器的人才会特别对待的。

［5］伊万里的荞麦面猪口杯。纹饰精美，无可挑剔，猪口并非只用来盛面条，也可以当小盅、茶杯使用。器形简约，即便放置在现代餐桌上也无异样之感，或许正是因为猪口一直是普通用品之故。

漆器也是民艺馆藏品的一大类，特别是南部的秀衡碗深得柳氏钟爱。但是纹饰中使用了金箔的秀衡碗也许调不起人的食欲，所以我挑选了同样来自南部、据说是阿伊努人曾使用过的［6］净法寺碗。与秀衡碗相比品相粗糙不少，由于使用的是尚未干透的木材，所以器形有些歪，图案也简朴，看上去还可随意使用。

藏品中玻璃器物似乎不多，但这件［7］彩色玻璃的三段重是一等品。正如柳氏所说，日本是玻璃的后进国家，但这件江户时期的铅玻璃制品真是不错啊。因为是往模子里吹注，所以表面有点不平，由于铅的缘故，未能达到完全透明，有点泛黄，感觉柔和而温暖。轻轻一弹，铮然作响。从江户日本到英、意、德等国，我见识过海内外的许多古玻璃器皿。现在觉得玻璃器皿还是一个普通的杯子最好，因为我发现，没有年代、没有装饰的透明杯子最直接地表现了玻璃的妙处。

这件［8］古九谷的壶小巧玲珑。虽然我从未觉得古九谷的东西好，但这件是个例外。大面积留白，形状也很可爱。据说花了不少钱，是民艺的支持者、仓敷纺织公司的社长大原总一郎买下赠送的。古九谷瓷器向来以精致著称，应该与崇尚粗糙品的民艺的价值观相反，但柳氏并未拘泥理念，而是予以接纳，反映了其灵活的一面。

[9]早期伊万里的壶。民艺馆的伊万里陶器主要是早期的作品和后期的杂器，二者都肌理温润，很少有古伊万里陶器烧制结实的精致之作。这也不难理解。当年伊万里陶器的编年应该尚未出来，柳氏挑选之时并不知道是早期的作品；现在情况则完全不同，挑选的结果也自然不同了。

这是[10]株札，打牌时用的。我喜欢欧洲扑克，所以经常接触，但这种普通百姓玩的赌具已经超越了东西方的概念，很是有趣。由于是批量生产的，而且是易耗品，所以制作者并没有花多大工夫，因而线条流畅，图案舒展。

接下来是李朝。这幅[11]民间绘画《莲华图》中莲花粉红色的花瓣高雅美丽。古画市场上评价颇高的平安时代的佛教绘画中也有使用粉红色的，这幅画的粉红色与其极为相似。市场上常见的李朝民间绘画几乎都是一百年前的、颜色鲜艳的东西，这样的古画极为罕见。

虽然我并未将22件物品排序，但是如果要我只挑出一件的话无疑是[12]这件李朝的白瓷大壶。即便没有任何别的藏品，只要有这个瓷壶，就值得去一趟民艺馆。据我所知，李朝的白瓷大壶中没有一件比得上它。它造型落落大方，略微扭曲、收口。最吸引人的是白瓷的颜色，不是反射

了李朝前期或后期光线的白，而是吸收了中期独有的光线的白。柳氏也曾说过："色彩的极致止于无铭文的白瓷。"在这尊壶前，民艺理论也黯然失色，感觉直面着语言无法表达的深广和博大。

[13] 盖物的白色虽然有点泛青，但是感觉依然柔和。圆溜溜的造型配上小巧有力的抓钮，真是绝妙啊。

[14] 三段重是李朝的 Good Design（优良设计），放在当今的饭桌上似乎也能用。漆器当中这种造型拿在手上非常轻巧。用吴须（蓝色釉料）涂满器物全身的手法称为琉璃釉，相比青花的草花纹而言，我倒更喜欢琉璃釉。涂斑也是一道风景。

这件 [15] 民间绘画《潇湘八景图》不错吧？虽说如此，可能是有原作在侧，描摹而成的吧，所以像模子里印出来的。在崇尚正宗中国风格绘画的韩国要找到李朝民间绘画，特别是这种作品，相当不易。我在某美术用品商店拼命说明了半天，对方才恍然大悟似地说："哦，是说帕波山水画啊！""帕波"好像是傻瓜之意。

再看中国。这件 [16] 拓本据说是明朝拓的汉朝文字，漫漶之处的石壁肌理仿佛现代的抽象画。关于拓本，柳氏曾称其为"间接之美"：不是写在纸上，而是刻在石上，石壁逐渐风化，又用纸拓下来。在此过程中书写者的个性慢慢淡化，而工艺性则渐渐加强。对此，我也有同感。

[17] 天启彩绘盘。与古青花同为明末清初的景德镇民窑作品，为出口日本而烧制。与"帕波山水画"相通的描绘手法相当精彩；但可能为中国的陶器玩家所不齿，因为技法拙劣。有欣赏"帕波山水画"和古青花雅趣的，在全世界可能也只有日本人吧。

[18] 北宋的碗。形状、色彩俱佳，棱线清晰。虽然稍大，但如果用它来牛饮粗茶一定很爽。宋代是中国陶瓷的巅峰期，但柳氏偏偏从中挑选出这件略显粗糙、简单的器物，也反映了其审美情趣吧。

最后是欧洲。[19] 木刻插画。只切下了该部分。是 15 世纪以前即所谓摇篮期的刊本，在木板上手工绘色。颜色漂亮，不完全的透视反而使人更加喜爱。

民艺馆的西洋工艺品中有很多 [20] 流描陶器，真正的名品反而是这两件不显眼的 [22] 长凳和 [21] 桌子，远较温莎椅为美。长凳初看粗糙，但坐面刨削得相当细致。桌子的面和腿也很协调。对了，这张桌子一直放在二楼的大展室里，某位工作人员总在上面写着什么。

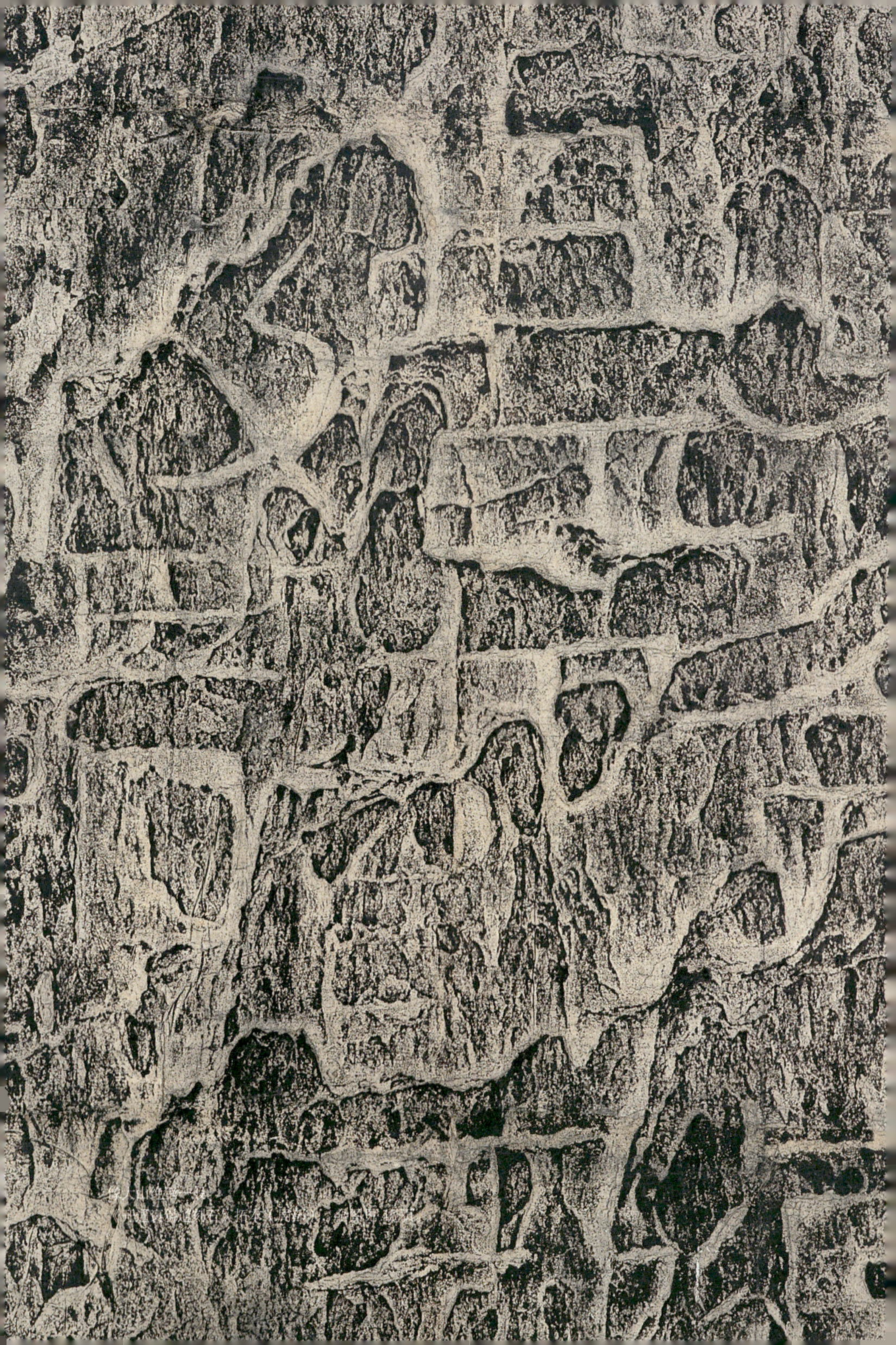

远方之器·中国与西洋

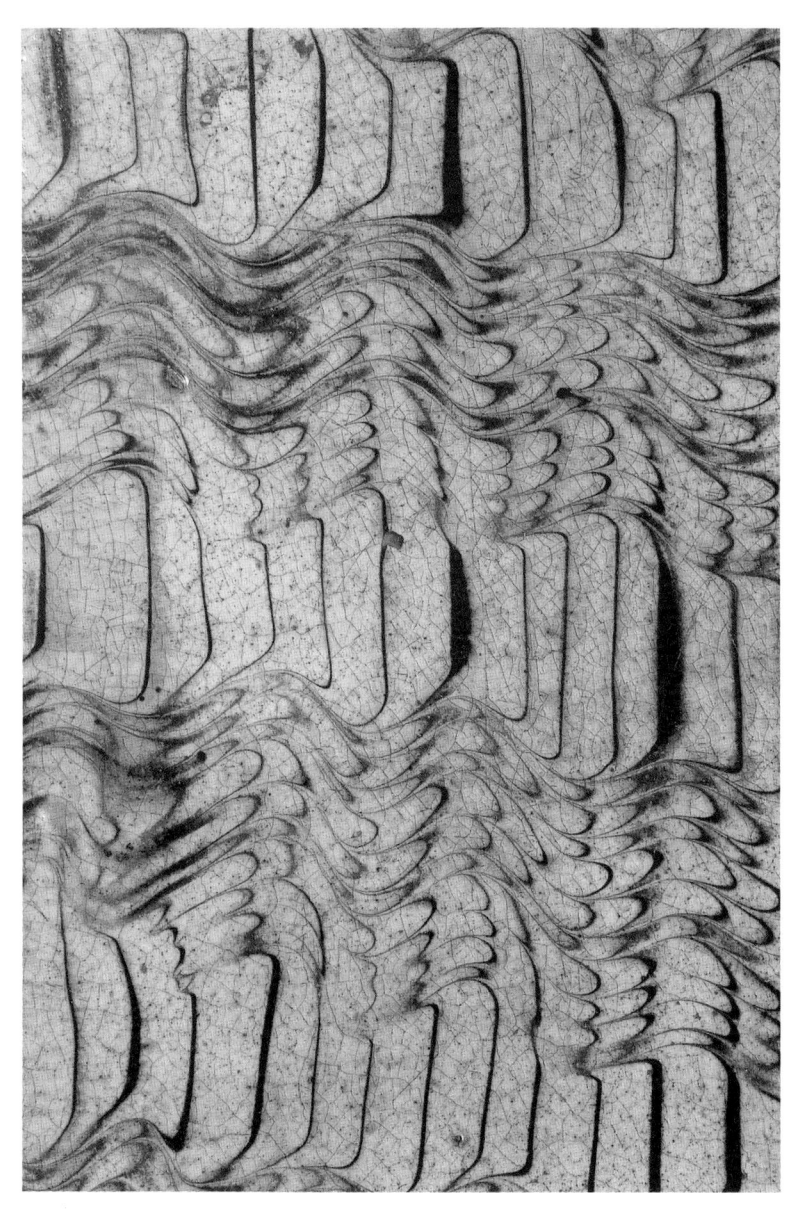

看上去手感不错的是中国的东西,还是西洋的东西呢?
[左页]白釉莲花纹碗(局部),全图见 47 页。
[右页]流描陶器——长方钵(局部),全图见 49 页。

043

手磨的木头肌理之美。西班牙桌子（局部），全图见 50～51 页。

[16]《开通褒斜道刻石》拓本

文字漫漶之处的石壁如同现代的抽象画一般。

被认为是刻在自然石壁上的摩崖石刻代表作,内容是纪念山路开通。
原位于陕西省褒城县。清代重刻过,但民艺馆的是重刻之前的拓本。
东汉(永平九年,公元 66 年) 126.0cm×123.5cm

[17] 彩绘捕鱼图盘

有欣赏古青花雅趣的,在全世界可能也只有日本人吧。

景德镇民窑为出口日本而烧制的盘子,彩色、湍急的水流吸引眼球。
其中还有金鱼模样的游鱼。
明代(17世纪)直径 21.2cm

[18] 白釉莲花纹碗
形状、色彩俱佳,棱线清晰。

磁州窑系碗。口缘下面一点的白线是用什么技法完成的呢?
北宋(11～12世纪)高 11.0cm

[19] 圣人传古木刻插画
颜色漂亮,不完全的透视反而使人更加喜爱。

摇篮期的插画(15世纪以前的刊本),蓝天、绿地非常美丽。
德国 15 世纪 木版彩色 图为原尺寸

[20] 流描陶器——长方钵

民艺馆的西洋工艺品中有很多流描陶器。

英国烧制的点心盘,可以就这样放进炉子里。欣赏流描陶器的,柳氏是世界第一人。
英国 18 世纪 39.5cm × 46.3cm

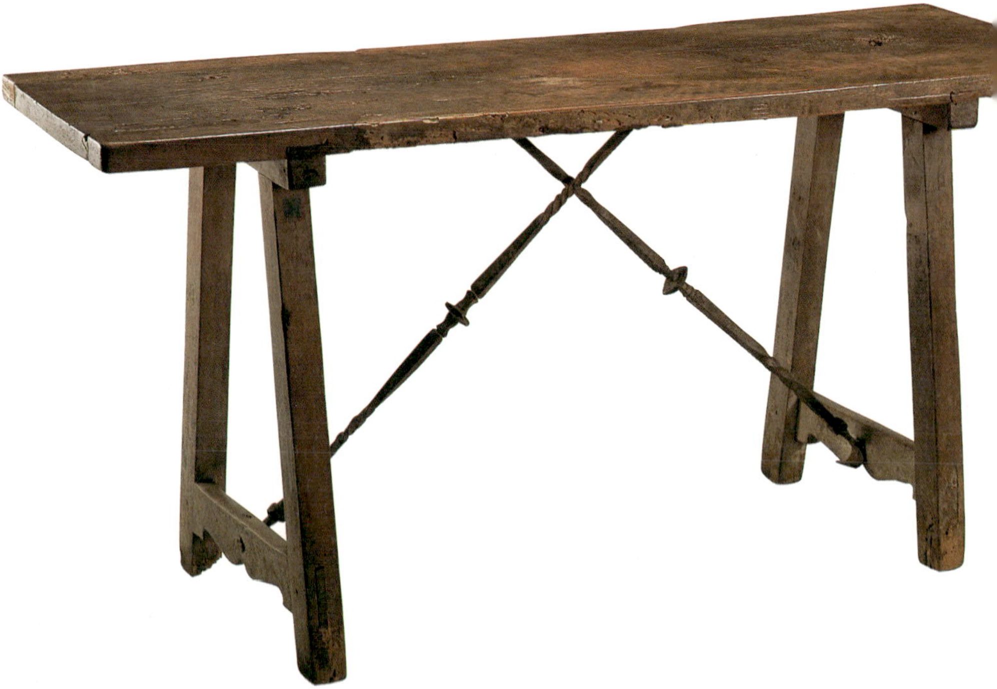

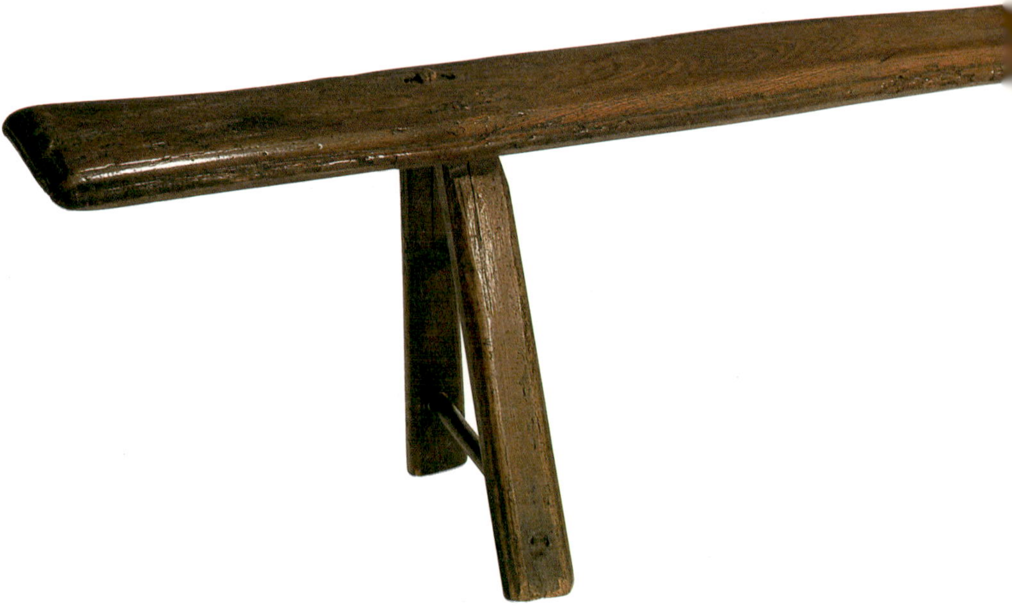

[21] 西班牙桌子

桌子的面和腿很协调。

又平衡,木头的味道又好,铁支架也有可观之处,这一时期的西洋家具很少流入日本,从这点上来说也很珍贵。
17 世纪 133.5cm×49.0cm×65.0cm

[22] 英国教堂用长凳

初看粗糙,但坐面刨削得相当细致。

又窄又长、简朴舒适的长凳能坐多少人?以长凳的基本形式制作,看上去粗糙,但坐面的刨削等做工相当细致。
18 世纪 252.0cm×24.0cm×46.0cm

第二章

三人谈
造型·喜好·实用

山口信博
Yamaguchi Nobuhiro
艺术督导

尾久彰三
Ogyu Shinzo
日本民艺馆学艺顾问

坂田和实
Sakata Kazumi

坂田在 as it is 美术馆内，右边是法国的百叶窗，左边是日本的伞架。

尾久在民艺馆的接待处，貌似从前的火车站站长。

山口在设计事务所的特别室，背后是自己制作的宣传海报。

编辑部：据说日本民艺馆的藏品总数约 17000 件，虽然也有部分是柳宗悦去世后的收藏品，但绝大多数还是柳氏自己挑选的。本书开头部分介绍的物品是由古董鉴赏家坂田和实以现代审美观点，从柳氏的心爱之物亦即民艺馆庞大的藏品中挑选出来的。本次三人谈首先想请坂田君谈谈挑选时的感想，但在进入正题之前先简单介绍一下另两位嘉宾。

尾久君进民艺馆是昭和 53 年（1978），那也是宗悦的长子、设计师柳宗理就任第三代馆长的次年。尾久君的老家在富山，其伯父是当地民艺运动的领导者，受其影响，据说他从中学时代就开始购买新旧民艺品。餐桌上摆放的是滨田庄司、河井宽次郎等巨匠的器物，身边围绕的是芹泽銈介的和服、栋方志功的版画。真可谓民艺的正统派。

山口君的作品当中，建筑杂志《SD》的设计和丛书《房屋学大系》全 100 卷的装帧令人印象深刻，另外他还做了很多别的平面设计工作，现在许多人气工艺家、器物匠人的个展都请山口君设计请柬。说起他与民艺的缘分，据说是因为他从前的公司 COSMO PR 有一位叫濑底恒的女士是柳宗悦的亲戚，经常听她聊民艺的话题，从而产生了兴趣。昭和 62 年（1987），在她的推荐下，山口君参加了民艺馆主办的韩国旅行。当时的带队者是尾久君吧？

尾久：有这回事吗？

山口：的确如此。最难忘的是尾久君在首尔的古董店买东西时的样子，眼神与平时完全不同。

尾久：哎呀……

编辑部：两位好像都和坂田君交往已久，也买了不少东西吧。

先前请两位读过坂田君的文章（20~23页），所以请尾久君先谈谈对入选的22件物品的感想。

宗悦的偏好和坂田的偏好

尾久：我认为我是非常了解坂田君的审美观的，因为我们毕竟交往了三十年。据此说来，这22件东西简直就是坂田和实本人。换句话说，这些物品说明不了柳宗悦。

坂田：荞麦面猪口（14页）和英国的长凳（50~51页）、西班牙桌子（50页）的确是柳氏去世后搜集来的。

尾久：是啊。除此之外都是柳氏挑选的，所以从广义上说，是柳氏的偏好。可是要说到柳宗悦的眼光，就不能不提到木喰佛（86页）、大津绘（86页）、船箪笥（61页）、丹波陶器（93页），还有江户时期的民窑。即便是琉球的染织品，为什么没选红型（91页）、绘绊，却挑选了粗绸（10页）呢？

可以说，坂田君既没有考虑民艺也没有考虑民艺馆，仅凭自己的标准在挑选。这是编辑部所希望的，当然可以，不过……

山口：柳宗悦和坂田君的偏好有何不同呢，比方说？

尾久：最明显的不同大概是对于图案的看法吧。柳宗悦非常喜欢图案，不论具体或抽象，他觉得只有活泼的图案才能代表工艺品的美。而且不是作为设计的图案，而是将绘画简化、凝练了的绘画图案。坂田君正好相反吧，他应该是认为没有纹饰才好，从这次的选择中也体现得很明显，要么是素的、要么纹饰拘谨，只有中国天启彩绘盘（46页）例外，感觉只有这件不像坂田君。

坂田：我一直比较喜欢明末清初的青花、彩绘的器物，因为纹饰的线条和色彩都很流畅。

关于图案，的确如尾久君所言。绘画姑且不论，器物类我尝试着寻找没有纹饰的。可是，网罗了民艺馆的代表作的三册《民艺图鉴》和五册《民艺大鉴》中都没有素的，旧的《民艺》杂志也几乎都翻遍了。

山口：我不是想挺坂田君，我看了民艺馆的藏品图录后也有同样的感觉。虽说民艺的图录当然多是日用工具和器皿，但是真正自己能够使用的东西却不多见。其中坂田君挑选的物品少见的简朴，我也觉得不错。但流描陶器我不大懂。

民艺馆的藏品中还是李朝的东西不错。我也很佩服江户时期的屏风、漆器的优秀设计，但是说到整体印象，也许就是强、重、浓几个字吧。

坂田：滨田庄司经常去一家面馆，据说有一次他想送给面馆老板娘自己做的一个盘子，老板娘说："如果可以的话最好是没有图案的。"我觉

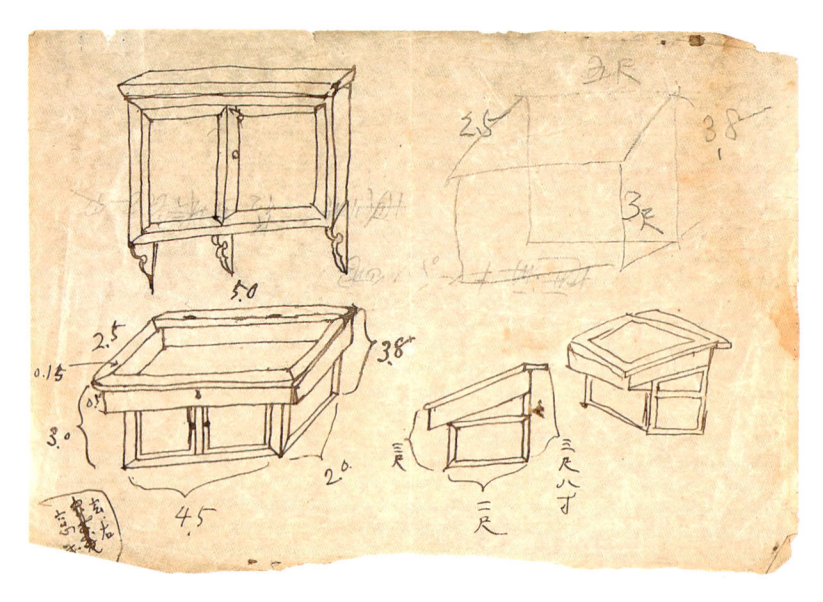

柳氏亲自设计的展柜素描。16.0cm×25.5cm　摄影：大屋孝雄

得这话不仅是对滨田君，也是对民艺本身的批评。我在文章中也写过，这次的选择标准是能否用在日常生活中。遗憾的是，我所居住的东京的公寓里，民艺馆的大部分物品都无法使用。借用山口君的话来说，就是看上去都太强、太重。

当然，我并不是说民艺馆的东西毫无价值，只是说我用起来不方便。民艺馆的藏品只有在民艺馆展出才最美，这是因为那里的空间也好，展台、支架也好，都是柳宗悦为了衬托展品而设计的。器物之美不就是这样的吗？放置的场所不同，美丑也不同，美并不是绝对的，这是我从事这项工作三十六年的体会。

尾久：正如坂田君所言，柳氏推崇的住宅是农村那种拥有粗大横梁和黑漆漆的柱子的房屋，那种房子里使用的器物和家具可不就是粗大的东西吗？问题是光凭第一印象来判断是否合适。结实耐用的东西往往看上去粗大，柳宗悦正是从兼具实用性和耐久性的东西中发现了"健康之美"，并认为这正是作为工艺品所应具备的性质。坂田君这次挑选的根据之一是放在自己居住的公寓里是否协调，那是建筑家中村好文帮助装修的，自然无话可说，可是假设坂田君的屋子是个很狭窄的空间那又如何呢？适合于狭窄空间的东西也不就是无价值的吧？

山口：比方说在六本木 hills 的屋子里，也许就是意大利或别的什么地方产的亮晶晶、光溜溜的现代东西合适吧。尽管像橱窗展品般，令人不舒服。

坂田：我说公寓只是一个比方，关键在于选择的标准。如果要我挑选柳宗悦偏好的东西或者代表民艺馆水平的东西，我马上就能给出答案；要是挑能卖大价钱的更简单。但是这次的策划不是那么回事，是选我喜欢的东西，所以无法说假话。

尾久：和坂田君的大作名一模一样："自以为是的尺度"。崇尚个性，读者也为之喝彩——现在就是这么个时代。但是，柳宗悦发起民艺运动的八十年前可不是这样，我觉得光凭自己的好恶而没有社会意义是行不通的，也无法使人信服。

山口：什么叫社会意义呢？

尾久：也不是什么玄妙的问题。比方说发现像木喰佛、大津绘画那样以前从没被认为是美术品的领域，加以研究并向世人介绍，柳氏便认为具有社会意义，对此社会也加以肯定。李朝和冲绳的工艺品也是这样。正是因为柳氏冠之以民艺之名并加以收集，现在的民艺馆才汇集了许多优秀的工艺品。要是柳宗悦不收集的话会怎样呢？难道不是可能都销声匿迹了吗？

山口：的确如此。去韩国的博物馆也好、古董店也好，都看不到民艺馆中的精品，当然也许有日本人和韩国人的喜好不同的缘故。

尾久：二位看了民艺馆的图录，觉得强、重，但请想象一下柳先生当年发现这些东西并试图展示给世间的情形吧。我想，如果不是那么强的东西谁也不会稍加理睬。要是都像坂田君挑选的东西的话，过于平凡、不吸引人，也就不会有民艺运动的发展了吧。

不过我重复一下：现在是坂田君的时代。坂田君拾起生锈的铁丝、破烂的抹布，放进目白（东京地名）的店里，或者自建的 as it is 美术馆（64~65 页）里，观众一定会佩服不已、赞不绝口。对此，我不仅没有非难的意思，反而想高声称赞：新美的发现者、审美的革命家！

撕下标签

山口：柳宗悦发起民艺运动的昭和初年，也是民俗学者开始收集民间

柳氏所谓"用王位也不换"的船箪笥（衣柜）。高 58.0cm

民艺馆开馆一年之后的昭和 12 年（1937）秋天召开的"印染品及型纸"展览会场。展览由柳氏一手操办，原本位于一楼靠里的这间屋子现在搬迁到了丰田市民艺馆。

照片提供：日本民艺馆

用品之时。柳氏意识到了民俗学而使用了民艺学这一词语，以示二者的差别。柳氏曾撰文说，民俗学者毫无分别地收集的民间用品，无非是作为保存和调查的历史资料；而自己严格挑选、搜集的民艺品既是餐桌上使用的实用品，也是作为新作工艺的样板的美术品。也就是说，民俗学是向后的学问，而民艺是向前的运动。听了尾久君的话，我发现了一

民艺馆的藏品只有展示在民艺馆中才更闪闪发光。李朝工艺陈列室，齐聚了壶、瓶、碗的精品。

个问题：坂田君的工作虽然不像柳氏那样自觉，乍一看似乎是向后，但其实是有很大的向前性的。作为古董商的坂田君，其顾客有很多是从事制作工作的：器物制作家、建筑师、设计师、画家、雕刻家、演员、厨师、造型家等等。我觉得坂田君对于器物的挑选及摆放会影响到这些人，当然也包括我本人。

坂田：不如说正好相反：每当想到从这些人身

as it is 美术馆位于千叶县长南町岩抚,展出着世界各地的物品,包括茧牒、塔帕布、李朝的柜子等。
开馆日:周五、六、日、节假日 开馆时间:10:30～16:00
电　话:0475(46)2108

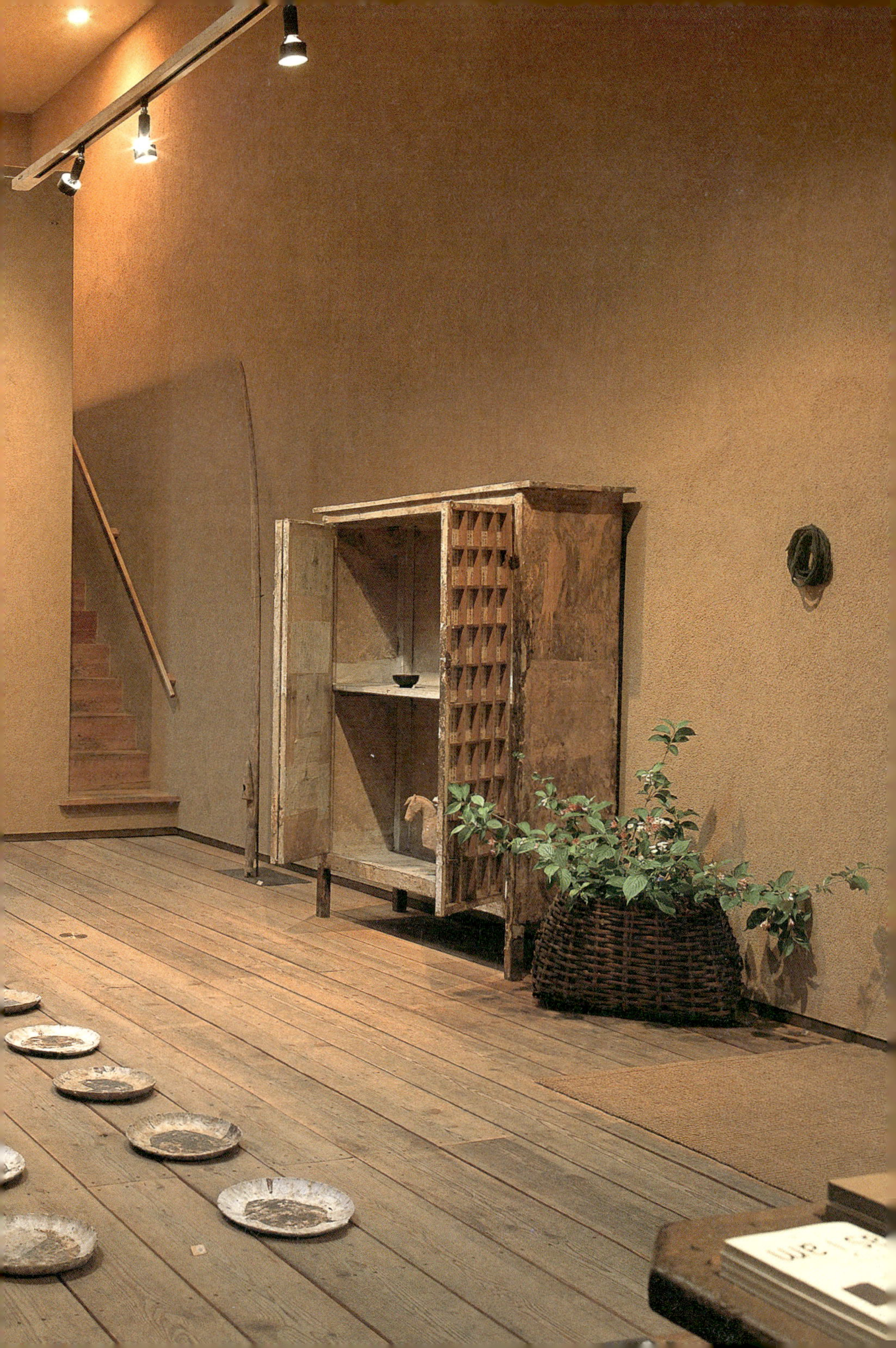

上获得的东西，我都觉得开了店真好。所谓古董行啦，民艺界啦，已经有了一套固定的、谁也不会破坏的价值观，一头扎进去的话，就只会以那套价值观来挑东西。碰巧我店里除了喜欢古董、喜欢民艺的顾客之外，还有很多别的客人光顾，和他们打交道，真是大开了眼界。

山口：我觉得柳宗悦时代的民艺界，使用者和制作者之间存在过上下关系。以柳氏为代表的城里的使用者单方引导地方上的匠人走上正确的工艺之道；与此相对，坂田君与制作者的关系是对等的、双向的，虽然不会像战前的民艺运动那样形成席卷之势，但由于坂田君的开店，工艺界和古董行不也慢慢地、切实地发生了变化吗？还有人把与坂田搜集类似物品的人称为坂田粉丝，只不过他们自己完全没有那样想，这或许是柳宗悦和坂田君的影响不同所致吧。

尾久：我十分清楚坂田君是在诚实地做生意的前提下说这番话的啊。柳先生和坂田君最大的区别不就在于是不是商人吗？或许听起来不舒服，在坂田君的职业中，美的发现、审美革命等同于炼金术，美学价值和金钱利益无法割裂；而柳先生呢，也多亏了声乐家兼子夫人的支持，一生唯美是求，从这种意义上可以说是纯粹的眼光吧。

当然，也不是因此就想说坂田君不纯；可是，坂田君不会做不赚钱的"发现"吧？我觉得这就是与柳宗悦的区别所在，也是古董商这一立场的局限性所在。虽说如此，坂田君也建了as it is这座不错的美术馆，作为美的使者竭力维持一种平衡，真了不起。

山口：但是，没有金钱的介入同样也有危险性吧。生意是冰冷的交易，所以不管愿意与否，都必须客观地认识自己的能力。坂田君不得不通过经商来面对社会，结果就是不可能总是"自以为是"，我行我素。相反，躲在象牙塔里，居高临下"自以为是"的危险性，不正是柳宗悦及其民艺运动孕育的吗？

坂田：柳宗悦说过，要撕掉物品上所有的标签。也就是说，产地啦，时代啦，作者啦，传承啦统统无须知道，因为那些跟物品之美没有丝毫关系。相反，古董商首先要学习的就是这些标签，因为东西的价格就是取决于这些因素。另外，划分物品技术上的完成度也很重要，因为同一类物品要标不同的价格。但是柳宗悦却断言，那些和技术的巧拙一样与美无关。

我觉得柳宗悦的言语中，这句说得最好，于是从年轻时就下定决心，挑选物品的时候不要受标签的束缚。虽然不可能纤尘不染，但总是可以追求的吧。年纪越大越依赖经验，所以一年比一年难。

手工还是机械

坂田：柳宗悦把机器生产的东西，也就是工业产品当作粗劣产品加以否定，因此民艺馆中没有工业产品。可是，"民艺"是"民众性工艺"的简称，是相对"贵族性工艺"而言的，而机器生产的大批量便宜东西中应

新しい工藝 1
プラスチック脚胡桃挽き

円缶状の下部を右手で持ち、胴をこちら上部をちょっと片手で軽くつかんで、右左に空にひねっても挽きもある前端は塗った紙のような塊粒になった模様で、私も胡椒挽きとして数個所蔵している。たぶんディッシャーデザインの作品だと思うが、これは机上用としてもたいへん重宝しているものである。約三十年前程から使用しているが、さして粗雑さがないように思っている。本当に良い物は、下部のデザインの気密のよさ、フタの開閉の操作性、胴部の形状なども、実によくできていて、この胡椒挽きが実に手のなじむ一番使いやすい。本当はたぶんコルクのパッキングが入っていて、白塗りの、手にもちよくなじむような曖昧な、白いだけのものではない。これらは機械製品ではあるが、しかし、これを知り、感動を味わえば、これこそ民芸の心ではないかと思うのだが、と思うのだが、民芸の心をここに感じて、今まで感動したすべてを許していきたいと思う。
〔柳 宗理〕

新しい工藝 10
ヤコブセンの椅子

椅子は、一休めするにはアームチェア(安楽椅子)に、親子は、一休めするにはアームチェア(安楽椅子)にいて、丈夫でやわらかい物がよい。しかも、丈夫でないものより寄りかかりがいいほうが楽な気持ちで体を支える、座面、背もたれ、一体になったシェル型になった、座面、背もたれ、一体になったシェル型になった。ヨーロッパに出かけるたびにデンマークに行ったが、その度にこの椅子を手に入れたいと思っていた。その有名なヤコブセンデザインの、軽快で、長く座っていても疲れない造形のこの椅子は、長く座っていても疲れない造形のこの椅子は、ポリエステル系材、これにウレタンの芯を入れて、シェルの座面に張った布で、足を伸ばしてストレスなく自由に寛げる椅子として有名である。一本足の回転椅子で、自由に動く回転椅子で、足元の安定性もよい。しかしヴィンテージとして一流である。これを用いるといい。今の医療精神にそぐわないちょっと張りぼりだった。
〔追記する。アームの椅子もある。当代一八傑〕

柳 宗理

柳宗理的连载点缀着《民艺》杂志卷头，题目从《新工艺》变为《活的工艺》 1984～1988 年共连载 49 期。

该也有许多可称作民艺的东西吧。

尾久：柳先生代表性的工艺论著《工艺之道》出版于昭和 3 年（1928），当时的工业品其实基本上也是粗劣品吧。他是基于这种情况得出的结论，未必是全盘否定。

坂田：那么从战后开始，或者从柳氏去世开始一直到现在，为什么民艺一直否定工业品呢？

尾久：我说了不是否定。昭和 10 年（1935）前后，被传统工艺之美深深打动的柳氏走遍全国，

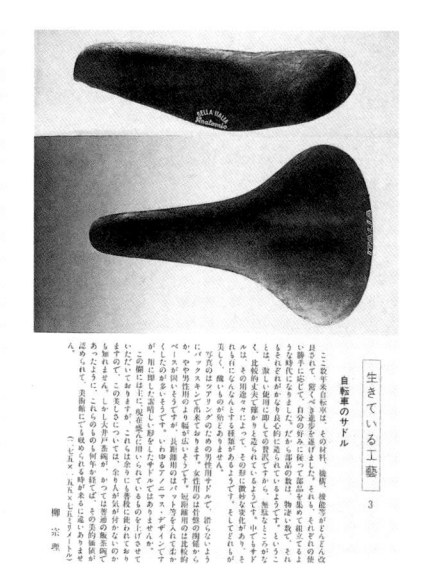

为维持和培养手工艺人才疾呼奔走。直到如今，每年秋天公开举办的"日本民艺馆展"也旨在支持手工作业者。也就是说，民艺经营的是手工产品，我不插手工业品自然有别人操心。

山口：德国包豪斯（Bauhaus）建筑美术学校从1919年持续到1933年，正值柳宗悦开始搜集李朝的美术品，并陆续撰写了《工艺论》《民艺论》等著作的时期。柳氏与包豪斯的关系方面有没有什么研究成果？

尾久：虽然相关信息有可能传入过日本，不过至少文章里没有涉及。

山口：我觉得民艺也好包豪斯也好，都是以从建筑到家具、织染、食器等所有的生活用品设计为对象，为了提高民众的生活品质，提出一些实用的新东西——这一点是相通的；最大的不同在于是否承认工业品，是否肯定工业社会。持肯定态度的包豪斯对后世产生了很大的影响；而持否定态度，或者说没有直面的民艺则影响有限，感觉仅仅停留在爱好的层面。

坂田：对包豪斯的思想产生了共鸣的柳宗理就任民艺馆馆长的时候，在杂志《民艺》开始了连载（68~69页），以《新工艺》《活的工艺》为题，在"这也是民艺"的观点下，列举了德国的计算器、圆珠笔、吉普车、关门大桥等颠覆民艺概念的例子。我当时颇为兴奋，觉得民艺可能会变；可是满怀期待地读下去，慢慢地，柳宗理的文章也变了味儿，不久就结束了。

尾久：一共49期。连载期间真够狼狈的，批评之声纷至沓来。

山口：从何而来？

尾久：民艺协会的会员。压倒性的意见是：这些是工业品，不是民艺。

坂田：尾久君你当时怎么看呢？

尾久：当时跟馆长说，既然要做就做到底，不能半途而废。其实我本人也奔走于各地的协会之间，力挺馆长，宣扬"为今后的民艺着想很重要，虚心坦诚地看，工业品也很美"的观点。其中也有人倾听，不久甚至有人说，新干线和京都塔都是民艺。

不过，现在回头再看，宗理当时的连载及言论可谓功过参半。

山口：为什么呢？

尾久：因为招致了混乱。我现在想，宗理先生的话是对的。宗旨是将民艺的传统在现代加以发挥，这点和柳宗悦倡导的相同，也没有谁反对；

无印良品的三层饭盒。
比李朝的三段重略小，高 12.3cm，
现已停止生产。

可是却弄错了宣传的对象：不是针对民艺内部力推，而是面向民艺的外部，特别是宗理自己也所属的设计界，要求其运用民艺的智慧。

坂田：的确，也许正是如此。

尾久：可是请大家想一想，刚才坂田君也说了，民艺馆的建筑就是为展示柳宗悦搜集的手工制品而生的，到如今即便搜罗了工业品，如何展览呢？现代设计的产品放置在适合它们的地方不好吗？

山口：如果不想发展的话，今后的民艺馆是否就成了"柳宗悦纪念馆"了呢？

尾久：我觉得那也不错。着力展示现有物品之美，由此向世界传播柳氏的思想就可以了。有一家永恒不变的美术馆不也挺好吗？民艺热消退也好，设计热到来也罢，我们只是淡淡地、静静地守候下去。

坂田：是吗……尾久君真是说中了要害。无论是这次挑选的22件物品，还是我们三人谈到现在为止的内容，都有一种扰乱民艺馆的强烈心情，但这是基于"民艺馆应该变"这种成见的产物。听了尾久君的话，我也觉得也许民艺馆不变才是其魅力所在。

无印与无心

山口：我最近在思考设计的资源问题。听了二位"不变也好"的观点，我想到的是，民艺馆无论是其藏品还是建筑本身，作为设计资源来讲都有不可替代的价值。刚才谈到了李朝的话题，但是，就算是日本的工艺品，不是也有许多只有民艺馆才有吗？重新审视这些物品，对于我们设计师来说会有很大的启发。

坂田：迄今为止真正想把民艺与现代设计相结合的也许只有宗理先生一人吧。

山口：是的。因此，与其作为设计展览，不如作为设计档案加以利用。比方说申请的话可以把藏品拿在手中仔细观看之类的。

这是昨天在"无印良品"淘来的饭盒（71页）……

尾久：哎呀，和李朝的三段重（33页）简直一模一样。

山口：可不。漂亮吧？塑料的，100日元。虽然是工业品，但丝毫不逊李朝。虽然设计者也许并不知道民艺馆的重箱，但是我想这个例子正好说明了民艺作为设计资源的可能性，别的应该还有不少可以用于现代的造型。

尾久：这正是柳氏最希望的，他自己就曾明说，自己搜集各种各样的民艺品展示在这里，就是为了作为新作的样板。

坂田：但是我有一个疑问：现代的工艺品作者如果照抄了柳氏所推崇的民艺的"无心之美"，不就不成其为"无心"了吗？这个矛盾似乎无法调和。与其这样，不如不要拘泥于手工制作。就像这件"无印"的饭盒，虽然是工业品，但是形状与民艺一样，用起来不也挺好吗？要着眼于机械的"无心之美"。

山口：我觉得"无印良品"的杂货作为工业品是最好的，但是仅仅凭此是否能够生活呢？也许还不够，所以还是要使用手工产品。

我觉得有一种类似灵性的东西会通过身体显现出来，身为宗教哲学家的柳宗悦之所以执着于手工作业，可能也有这方面的缘故。灵性一词难懂的话，叫作温暖也好、味道也好都无所谓。

工业品中不可能有这玩意儿，但是人们却追求它。现代设计中的某些怪异、矫枉过正，不就是为了填补工业社会中失去灵性后的空白吗？

尾久：刚才坂田君谈到了"无心"的话题，其实柳先生所倡导的无心并不是对于理性的否定。比方说江户时代的陶工，也是接到批发店、老板的指示而制作一些迎合潮流的器具，只要能卖钱，完全不管艺术。可是，如果赶工期批量制作的话，不管什么匠人都会专心致志地做起来。这种时候心无旁骛的心理状态才是柳氏所谓的"无心"。因此，现代的工匠也是有可能做到的吧。

山口：的确。听轮岛的漆匠赤木明登说，个展前的一个月，他每天从早到晚只顾给碗刷漆。埋头于这种单纯作业时，有好几次都分不清自己和外物了。

坂田：陶艺家黑田泰藏也讲过类似的事情，说是转着拉胚机能感觉到宇宙。

山口：的确，看黑田君工作时的情形，简直就像工业品的制造过程，如同机器一样，不顾形状如何，只是一直不停地转，根本无暇修正、设计。有时脑子里预想的形状不能完全反映到器形上，这也体现了拉胚作业的身体性；或者说，黑田君身心专注度不同，做出来的东西品相区别很大，这也是与机器加工的规格品的不同所在。黑田君、赤木君等人的作品中之所以看不到一般工匠作品中的生硬之处，也许就在于他们自觉地达到了尾久君所谓的无心状态之故。

尾久：是的，这正是柳先生所说的无心的工艺，而且那种近似于宗教体验的感觉，不仅是制作者，也是我们面对美好的器物产生眩晕之感时的心理状态。意识到这点才是民艺论的要点。

山口：此话怎讲？

尾久：我现在是这样理解的：其实机器也好，手工也好，都无所谓；贵族性、平民性也无关紧要；关键在于，以美为契机获得无心之体验，无论何时何地都能感知这种美——这才是民艺运动的目的和理想。

第三章

故事与传说

文 编辑部

[右页]《筑嶋物语绘卷》上下卷中的上卷部分。
描绘的是平清盛为修建港口而强迫民工进行繁重劳动的故事。故事虽然悲惨但画面却很喜庆。柳宗悦也曾赞赏地说:"看了这幅画总觉得内心的疙瘩解开了。"
室町时代(16世纪)纸本着色 36.0cm×774.0cm
照片提供:日本民艺馆

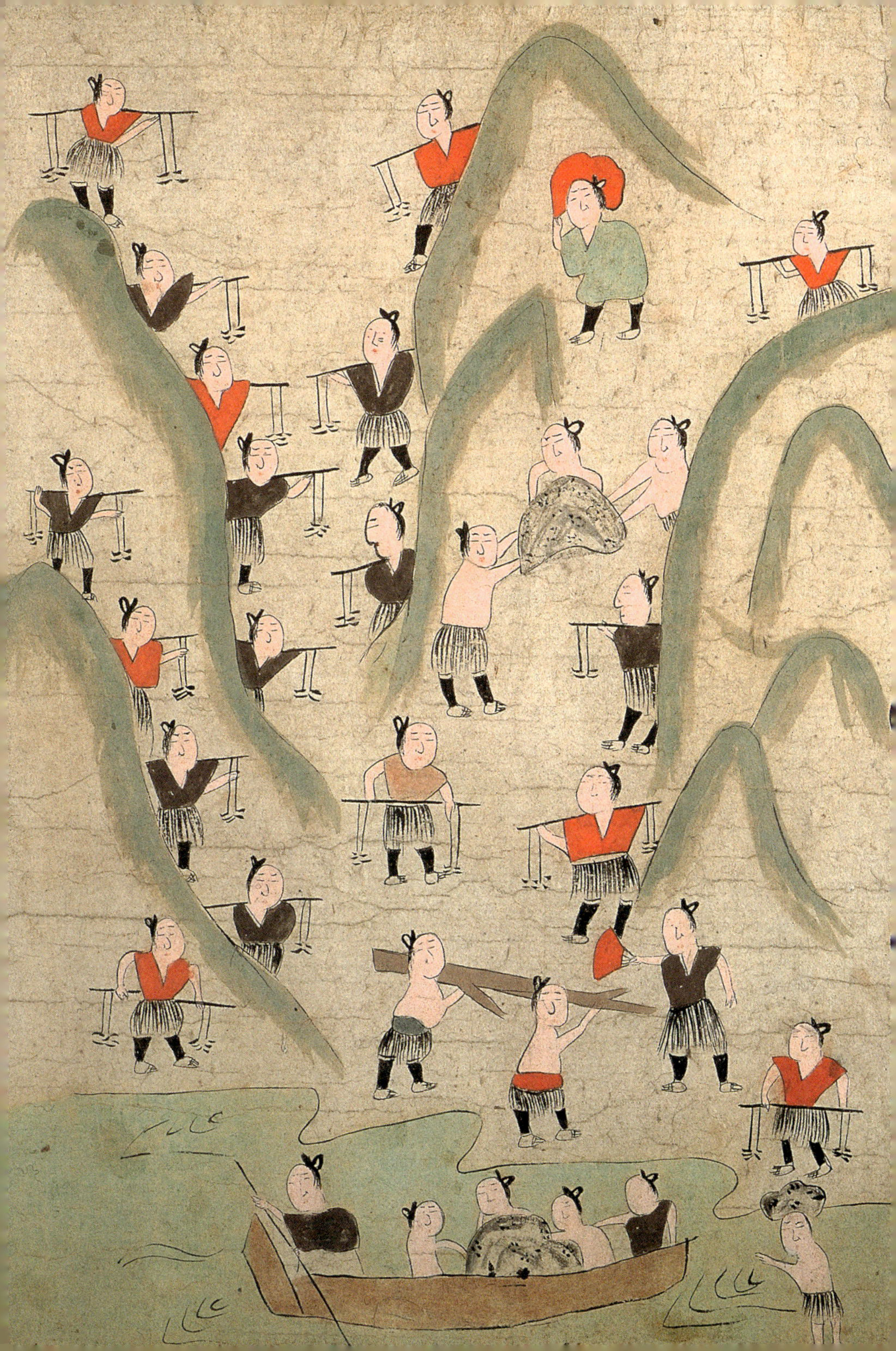

哲学青年之梦

1889 ~ 1935

　　日本民艺馆的创始人柳宗悦于明治22年（1889）3月21日出生在东京市麻布区市兵卫町2丁目13番地（现在的港区六本木3丁目2番地），他是这个家庭的第四子，其父为退役海军少将柳楢悦。

　　柳宗悦早年本是位时髦的公子哥儿，在学习院大学读完了初等科、中等科，于高等科毕业的明治43年（1910）与学友志贺直哉等创办了《白桦》杂志。据说大家原本以为他会论述研究"死"和"灵"的心理学，他却充分发挥其语言能力，大力介绍比亚兹莱、后印象派，以最小的年纪显示了非凡的编辑才能。进入东京帝国大学哲学系后，直接给福格拉、罗丹等写信索要其作品；又称赞塞尚、马蒂斯等"革命的画家""所表现的个性"。

　　就是这样一位沉迷西洋美术的哲学青年，在大学毕业的次年，也就是大正3年（1914）却发生了重大转变。与声乐家中岛兼子结婚后，柳宗悦移居千叶县的我孙子町不久，身边出现了一位在朝鲜的小学当教师、梦想当雕塑家的男子——浅川伯教。浅川当时为看柳家的一件罗丹作品而来，并带来了一件手工制作的礼物——李朝青花秋草纹倒棱壶（85页）。柳氏看了惊愕不已，他被"瓷器所表现的形状之美"所打动，感到一种"新发现的喜悦"，对于"从未正眼瞧过并认为是微不足道的"器形感受到了一种"自己观察自然的头绪"和"新的神秘"。柳氏关注的焦点一下子转向东方美术，而且是工艺界。

从那以后的一段时间，柳宗悦一门心思只关注朝鲜。一年后，他来到朝鲜，为了购买李朝的陶瓷器跑了很多古董店，不久就在当地举办了兼子夫人的音乐会和自己的演讲会，呼吁在汉城（现首尔）建美术馆。大正8年（1919），随着三一运动的爆发，他在《读卖新闻》上发表题为《想想朝鲜人》的连载文章抨击日本政府，甚至被特高课盯上。大正10年（1921）在《新潮》杂志上发表的《陶瓷器之美》中，柳宗悦不是对传统上被视为珍宝的高丽陶瓷，而是对更加鲜明地表现民族固有之美的李朝器物给予了极高的评价。同年，他在神田流逸庄举办了朝鲜民族美术展，次年又在汉城举办了李朝陶瓷器展。大正13年（1924）4月，终于在朝鲜总督府管辖的汉城景福宫内的缉敬堂建起了"朝鲜民族美术馆"（87页）。

不过这年的1月，柳宗悦又经历了一次新的邂逅：为了寻访李朝陶瓷，他来到山梨县拜访收藏家，被仓库前摆放的两尊佛像的微笑深深震撼，这是江户后期在日本全国各地雕刻佛像的木喰五行上人的作品。受让了其中一尊地藏菩萨像之后，他像着了魔似的在全国各地四处寻访了三年时间，发现并调查了大约500尊木喰佛。与此同时，柳宗悦还顺便亲眼见识了许

伯纳德·利奇描绘的位于我孙子的柳宅，书房里摆放着罗丹的雕塑、宋朝的壶。
大正7年（1918）墨、纸 29.8cm×38.1cm 照片提供：日本民艺馆

多地方人士的手工艺品。

大正12年（1923），由于关东大地震，柳家从我孙子搬到青山，次年又搬到京都市上京区吉田下大路町（现在的左京区吉田下大路町）。在那儿他热衷于到早市淘宝，同行的还有两位与之爱好相同的陶艺家滨田庄司和河井宽次郎。濑户的石盘、肥前的大钵、丹波布——这些杂物在他们

看来都十分新鲜。柳氏非常喜欢从早市的老太太那里学来的一个词："糙物"。每当从自己淘的"糙物"上发现了"精致之物"所不具备的美时，他都十分开心。这一时期淘来的物品成了现在民艺馆的基础。"民艺"一词也是他们三人想出来的，据说是大正 14 年（1925）12 月，三人一起乘车去三重县的津市寻访木喰佛像时，想到用"民众性工艺"来称呼他们的收藏品，将其简称就成了"民艺"这一新词。次年初，三人在高野山中流连忘返，忽然兴致大发，筹划建一座美术馆。4 月 1 日，得到陶艺家富本宪吉的赞同，四人联名发表了《筹建日本民艺美术馆意向书》。之后，柳氏又在报刊上接连发表了《糙物之美》《工艺之道》等民艺方面的论文，得到许多人的响应。

虽说如此，此刻离日本民艺馆开馆还相当遥远。昭和 2 年（1927），柳氏首先一面在京都组建了共同制作集团——上加茂民艺协团，一面又在东京的鸠居堂举办了第一次日本民艺展览；次年 3 月，在上野的御大礼纪念国产振兴博览会上展出了日式住宅"民艺馆"，向都市中产阶级倡导一种新的生活方式。建筑物在展出 65 天之后，被民艺运动的支持者、朝日麦酒的第一任社长山本为三郎买走。柳氏又尝试给东京帝室博物馆（现东京国立博物馆）捐赠自己的收藏品并申请设一间民艺室，但被无情拒绝了。这更加坚定了其不靠官方建立自己的美术馆的决心。昭和 4 年（1929）他远赴欧洲，参观了瑞典斯德哥尔摩专门展览农具的北方博物馆后，觉得找到了自己理想的美术馆，于是多次前往。昭和 6 年（1931），滨松的素封家高林兵卫将自己家的老房子腾出来，作为常设的"日本民艺美术馆"，但两年后因故关闭。

在多次的进退反复之中，昭和8年（1933），柳家决定从京都搬到东京的小石川区九坚町（现在的文京区小石川4丁目），包括数量庞大的民艺藏品在内的行李物品装了整整四货车！据说是京都的货物车站建站以来最大的个人货量。次年，柳氏看中了宇都宫日光街道边大谷石屋顶的长屋门，随即购买了下来，并迁移到目黑区的驹场，将其作为自己家的外层建筑（现为日本民艺馆西馆的玄关栋）。昭和10年（1935），终于传来好消息：民艺运动的支持者、仓敷纺织公司的社长大原孙三郎决定捐资十万日元（相当于现在的七八亿日元）建美术馆。

[右页] 浅川伯教带来的这件小小的李朝瓷器，将柳氏关注的目光引向东方之美。
青花秋草纹倒棱壶 朝鲜时代（18世纪）高 13.5cm 摄影：松藤庄平

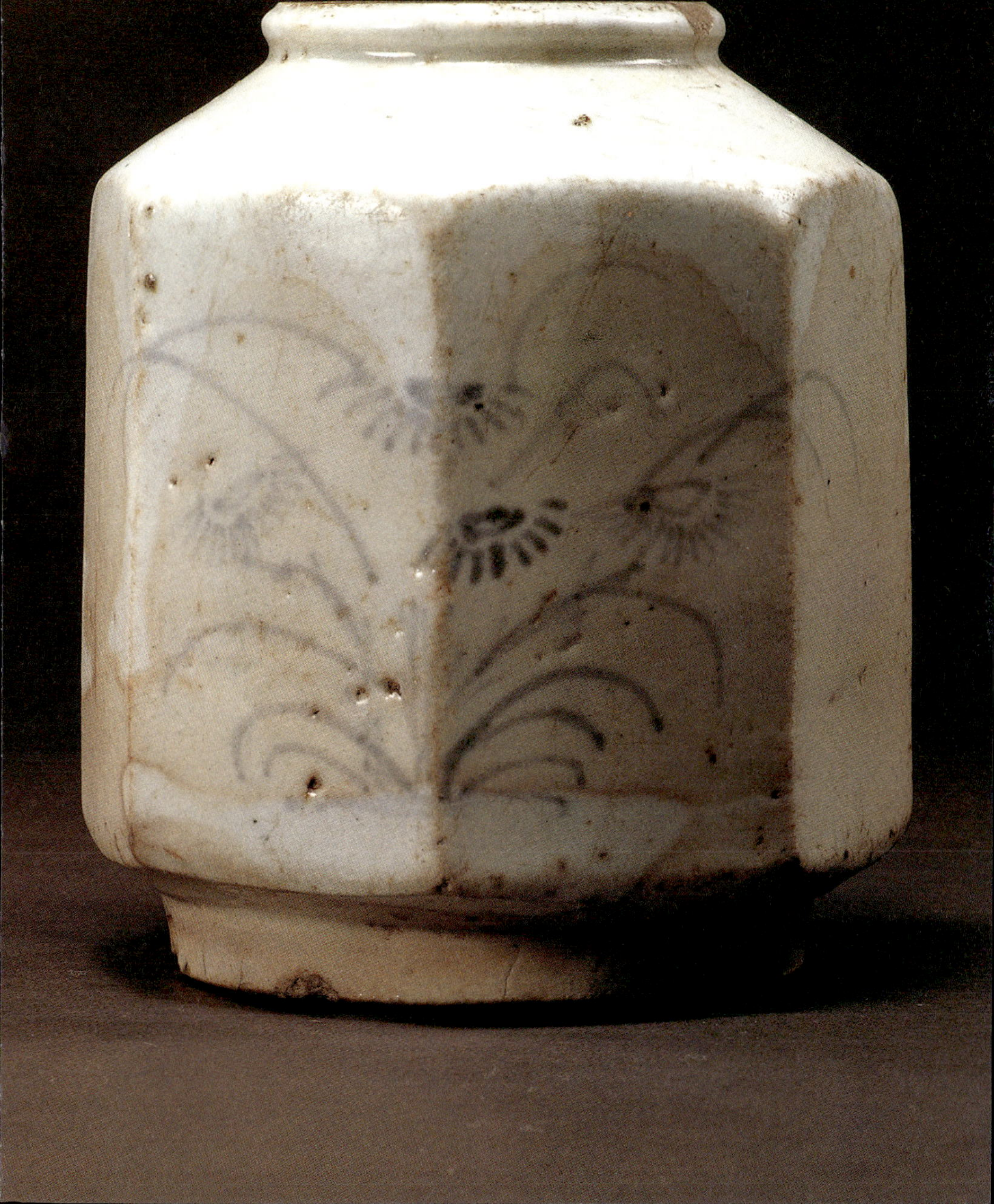

[左] 大津绘江户时代在大津周边的大路旁作为土特产售卖，因为产量大而产生的笔速很有魅力。本件作品是柳氏第一次看到后，经过十八年的不懈努力终于弄到手的《洗澡的鬼》。
江户时代（18世纪）纸本着色 63.0cm×22.5cm 照片提供：日本民艺馆
[右] 以慈祥的笑容征服了柳氏的木喰佛地藏菩萨像。
享和元年（1801）木雕 高70.0cm 照片提供：日本民艺馆

[右页] 大正13年（1924）4月汉城景福宫内的缉敬堂开设的"朝鲜民族美术馆"。
照片提供：日本民艺馆

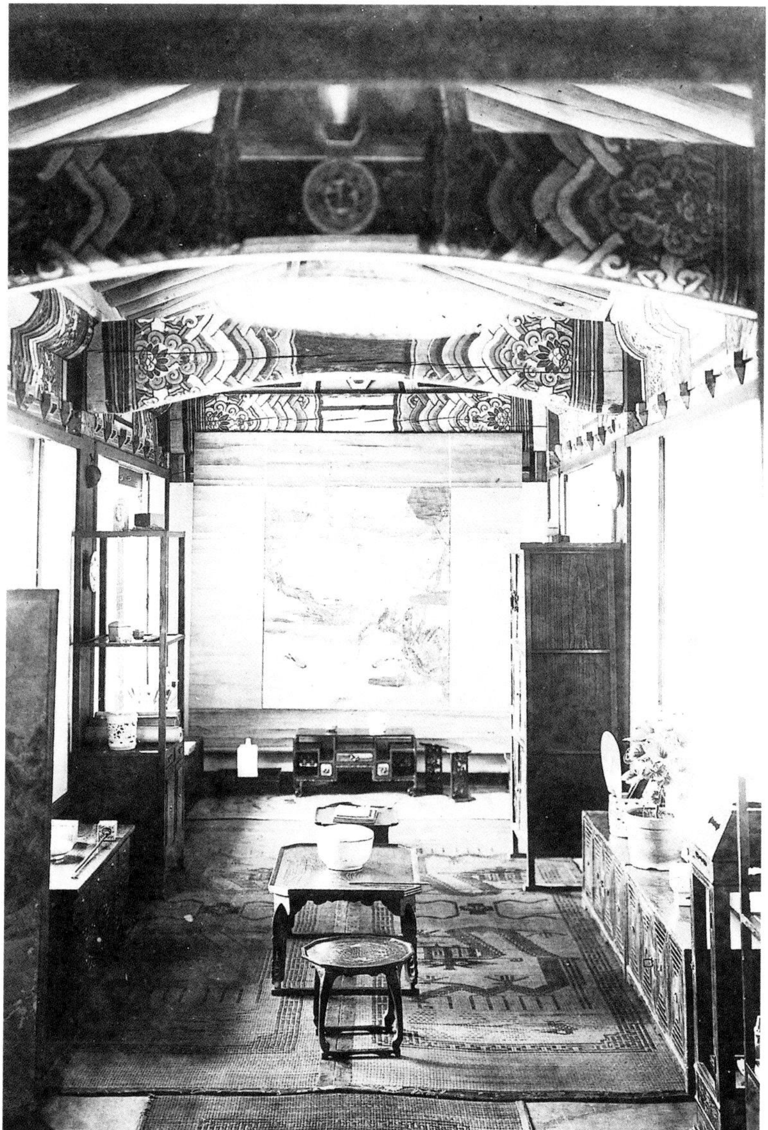

扫帚与空袭

1936 ~ 1961

东京驹场现在是僻静的住宅区，当年可是住家稀少。位于柳宅斜对面的日本民艺馆于昭和11年（1936）10月24日开馆，第一任馆长当然是柳宗悦。

"这一类美术馆几乎都建成欧式风格，但我却觉得发挥日本建筑的传统很有意义，所以没有模仿西方。……上部加了点白墙泥灰风味，光线全部透过窗户纸，墙纸主要是葛布与和纸。另外，窗框、窗帘、家具等全部采用日式风格。"

展柜也是由柳氏设计。据说围绕大楼梯的扶手形状，和滨田发生过激烈的争论，最后还是柳氏获胜。进门处换的拖鞋不是现在这样塑料制的，而是特别订制的皮革拖鞋；解说牌也不是纸质，而是木质的。解说牌的黑色底板上只用红色写着名称、产地、年代，去掉了许多纷乱的信息，这点现在也没有变。上下层各四间展室摆放着古代作品，一楼靠里的大展室展出的是新的民艺品和同人作品。柳氏认为展览也是一种创作，所以民艺馆每年都要变换三四次摆设。兼子夫人回忆说，工作往往持续到深夜，想办法让女性工作人员赶上最后一班电车回家真是一大难题。

开馆一段时间后，昭和13年（1938）底，柳宗悦去了向往已久的冲绳。主要为琉球王室所用的红型这时已广为内地所知，他本以为可能不会剩下多少好东西，到了那霸的古装市场，却只见满是内地市场从未见过的织物。由于亲眼见到大量自古以来人们日常生活中使用的物品，后来柳氏把这一时期称为"黄金时代"。缟（条纹布）、绘绗、绍（一种纠绕织物）、花织、芭蕉布——民艺馆馆藏的大部分冲绳印染品都是这一时期馆长掏光钱包买来的。之后，柳氏和朋友们对冲绳的东西热情不减，甚至在当地租房居住。他强烈反对县政府的奖励普通话运动，直至引发了许多当地人也卷入其中的"方言问题"。那些本土上已经丧失的美和生活在信仰中的人们，以及柳氏对他们的手工艺品寄予的深情，在昭和16年（1941）民艺馆举办的首届阿伊努工艺展上也能感受到。

随着太平洋战争的爆发，世相越来越暗淡，民艺馆门可罗雀也照旧开放。战时的某一天，诗人中野重治忧心忡忡地和小女儿散步，无意间走进了民艺馆。或许是受馆内平和的气氛感染，女儿忽然唱起了《红蜻蜓》，随即，二楼响起唱和声，中野吃了一惊。原来那是兼子夫人的声音。东京大轰炸时守在民艺馆的也是兼子。周围的居民全都去避难之后，火舌从现在的驹场东大前站迫近，兼子既不逃也不慌，拿起浸满水的扫帚往民艺馆的墙壁上洒水。终于，随着风向的改变，火势得到了控制，柳宗悦却还带

昭和 11 年（1936）秋在驹场刚刚建成的日本民艺馆。木质拉门还泛着白光，院子里空荡寂寥。
照片提供：日本民艺馆

着防空头巾不知所措。战后得知，民艺馆和奈良、京都的寺庙一起，被美军列为应避免轰炸的建筑。

　　昭和23年（1948）8月10日，柳氏得到了一个启示。从前一个月开始，他一直待在富山的一个寺庙里，反复诵读阿弥陀如来四十八愿，此刻，他的眼睛停留在第四愿"无有好丑之愿"上。

　　"忽然顿悟：美的法门只能、也适合建在此愿上。悟到这点，只觉心

[上] 展出着红型（左两件）、蓝型等琉球服饰的染织品陈列室。
摄影：松藤庄平

[下] 红型是琉球的鲜艳型染（一种染色方法）。
亭、松、梅、牡丹花纹
上衣 18世纪
95.0cm×126.0cm

中如融冰一般释然。"

佛的国度里无美丑，超越美丑二相二元论的即是无的境界——据说这是通过收藏逐渐体系化的民艺思想与佛教哲学结合的瞬间。之后柳氏仅用一天时间就写出了《美的法门》的草稿，后来又陆续写出《无有好丑之愿》《美的净土》《法与美》等有关佛教美学的作品。

然而，与柳宗悦的民艺哲学逐渐染上宗教色彩形成对照，世间对民艺的印象是：它开始迷失方向了。从昭和 30 年（1955）起连续二十三年，每年都在日本桥的三越百货店举办一次"新生活民艺展"，这可说是象征着民艺热在经济复兴、日本文化的再评价等潮流中逐渐正式化了吧。昭和 34 年（1959），曾是日本民艺协会忠实一员的三宅忠一脱会，另外组建了日本民艺协团。三宅曾是末广餐厅的老板，重视实用性和廉价性，他排斥个人制作者，而向地方窑厂订制了大量新作工艺品供末广使用。令人联想到乡村民居的丫形屋顶、木格窗户的餐厅，成为世人印象中的民艺风格而遍布街巷。

柳氏本人最担心的是，一边捧场，一边却浅薄、庸俗地理解民艺的人越来越多。从昭和 30 年（1955）开始，他到处宣传回归民艺本来的思想之重要性。他说："民艺趣味成了民艺臭味就背离了初衷。民艺必须永远保持其淳朴性，只有从臭味的束缚中解放出来，才能理解民艺的真正价值。"

令人没想到的是，正当民艺热潮高涨之时，昭和 31 年（1956）末柳氏却因心脏供血不足而住进了医院，左半身随后瘫痪。虽然不断往返于医

［左］柳氏的收藏提高了丹波烧的声誉。白底糖流釉蜡烛瓶 江户时代（19世纪） 高 15.7cm
照片提供：日本民艺馆

［右］去世前一年手拿心爱的李朝糖釉壶、开心的柳宗悦。其时他左半身已经瘫痪。
摄影：滨谷浩

院和自家之间，他还是以旺盛的精力奋笔撰文。昭和 36 年（1961）4 月 29 日，在民艺馆的茶室吃完午饭后和员工聊天时，柳氏突发脑出血陷入昏迷，再也没有醒来，5 月 3 日去世，享年 72 岁。

新干线是民艺吗?

1962～2008

魅力非凡的首任馆长的去世对于日本民艺馆来说是个巨大的损失。许多大企业的老板之所以不惜重金，从全国各地购买民艺品加以捐赠，与其说是支持民艺馆，不如说是被柳宗悦个人的魅力所折服。滨田庄司就任第二代馆长之后，从昭和30年代后半期一直到昭和40年代，民艺馆经营得相当困难。

滨田卧床不起后，昭和52年（1977），柳宗悦的长子（1915年出生）柳宗理接任第三代馆长。虽然离泡沫经济还有几年，但时代的气氛已与其父生活的昭和时代大为不同。长期从事产品设计的宗理开始探索民艺的新路子。比方说他在就任馆长的第二年发表的《民艺的出路》一文中写道："民艺总有一天会朝着产品设计的方向发展"，并提议建"现代生活馆"来展示工业品。

然而，也有许多民艺协会会员对这样的"民艺的出路"表示了反对。在该文发表的前后，京都民艺协会会长汤浅八郎在某个场合的发言更令民艺协会会员们惊愕不已——新干线是现代杰出的民艺！柳宗理听了这样的发言，虽然对于吸收了流行的流线型的新干线是否具备民艺之美持审慎保留态度，但还是认为"讨论新干线是否是现代的民艺绝对必要"，强调"以民艺的观点来讨论现代的工业产品的时代已经到来"。新干线民艺论后来进一步发展为"是否应该将工业品视为民艺品"，但并未得出结论。关于这个问题，坂田、尾久、山口三位的三人谈中也有涉及，的确是个难题。

让我们再把目光转向海外吧。正当民艺在与时代的关系中开始裹足不前时，其在国际上的认知度却高了起来，契机是伯纳德·利奇翻译介绍柳宗悦的书《不为人知的手工艺人》（*The Unknown Craftsman*, 1972）。伯纳德·利奇是英国陶艺家，从学生时代就与柳宗悦神交已久。这本正式介绍民艺思想的书在20世纪初期产生了"艺术品与工艺品（arts and crafts）"运动的英国广受好评，不久《牛津英语大词典》立项将mingei（日语"民艺"）作为名词收录。该书到了20世纪90年代又被翻译成法语和德语。

民艺活动已开始逐渐走向国外。平成3年（1991），"日本的民艺"展先后在格拉斯哥、伦敦巡回举办；后来又陆续在慕尼黑、罗马以及美国各地举办。从另一个角度看，民艺馆受海外的影响也不可忽视。日本民艺协会的月刊《民艺》（1939年创刊）自从柳宗理就任馆长之后，就经常以画报的形式介绍印第安的祭祀用具、非洲的建筑；日本民艺馆还举办了印度的布、北欧游牧民族的民用品、新几内亚陶器等特别展。其中平成16年（2004）

由柳宗理馆长亲自设计版面、日本民艺协会发行的杂志《民艺》,介绍了柳宗悦不曾见过的许多海外民艺。

从上至下的杂志专题依次为:非洲的风物(2003),世界各地的玩具(2002),中亚的染织品(2001),矮人族的树皮布绘画、墨西哥乌切尔族的祭祀用具(均为1991),尼泊尔的工艺品(1979)。

[上]昭和58年（1983）11月，在日本民艺馆表彰会上致辞的柳宗理馆长，背后是栋方志功的书法。
照片提供：日本民艺馆

[下]平成12年（2000）举办的"非洲之布"展，大展室与平时气氛迥异，充满异国风情。
照片提供：日本民艺馆

8月由三宅一生策划与文化财团共同举办的欧文·佩恩（Irving Penn，美国摄影家）的达荷美（Dahomey，非洲贝宁的古老王国）展也许具有划时代的意义：进入21世纪后，日本民艺馆举办了自开馆以来的首次图片展。

平成18年（2006），民艺馆迎来了开馆七十周年纪念。两栋建筑之中，本馆在昭和56年（1981）改建，撤掉了一楼靠里的大展室，同时在二楼靠里处增设了作为特别陈列用的大展室直至今日。西馆里的柳宗悦故居修葺之后于七十周年的6月份对公众开放。同年7月，由于年事已高，柳宗理辞去馆长之职，由长期担任理事长的财界人士小林阳太郎（也是富士施乐的最高顾问）兼任馆长。[1]这会给民艺馆带来何种变化还很难预期。虽然也期待未来增设咖啡间、资料室，但更希望美术馆能继续保持舒适的环境。

---

1. 小林阳太郎于2015年去世，现任日本民艺馆馆长为2011年上任的深泽直人。——编注

日本民艺馆西馆是柳宗悦故居。柳氏是如何将"民艺"的思想反映在自己的房子上的呢?一进大门便是餐厅,餐桌是民艺运动的盟友黑田辰秋之作,椅子是19世纪英国的东西。

第四章

与民艺一起生活的人家

二楼书房,初夏的阳光透过南开的窗户静静地洒在屋子里。
书桌是黑田辰秋的作品,椅子是柳氏自己设计的。

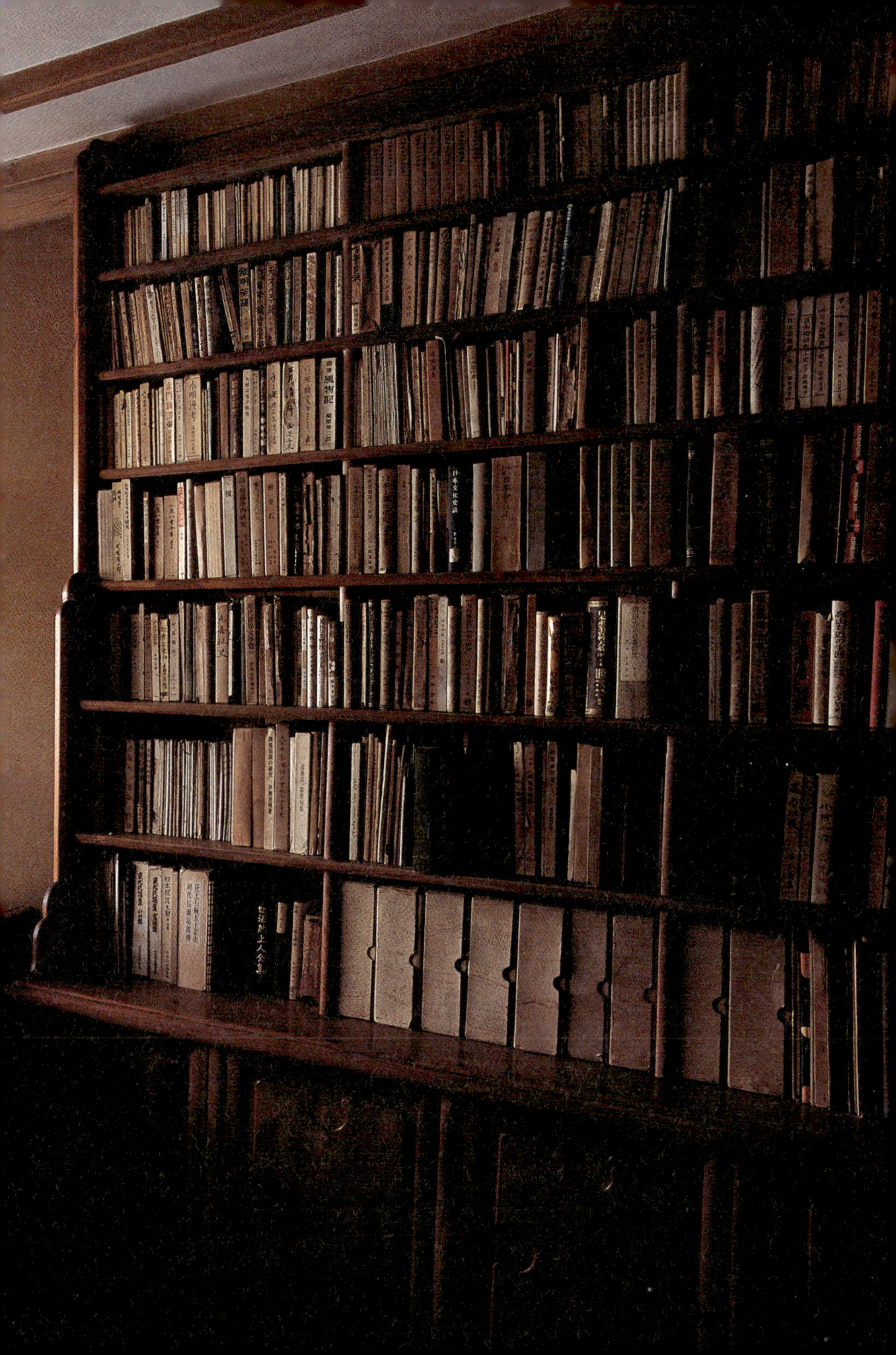

二楼书房内。
[左页] 从没见过这么漂亮的脚踏板。
[右页] 椅子扶手上的狮子头雕刻得结实、可爱。

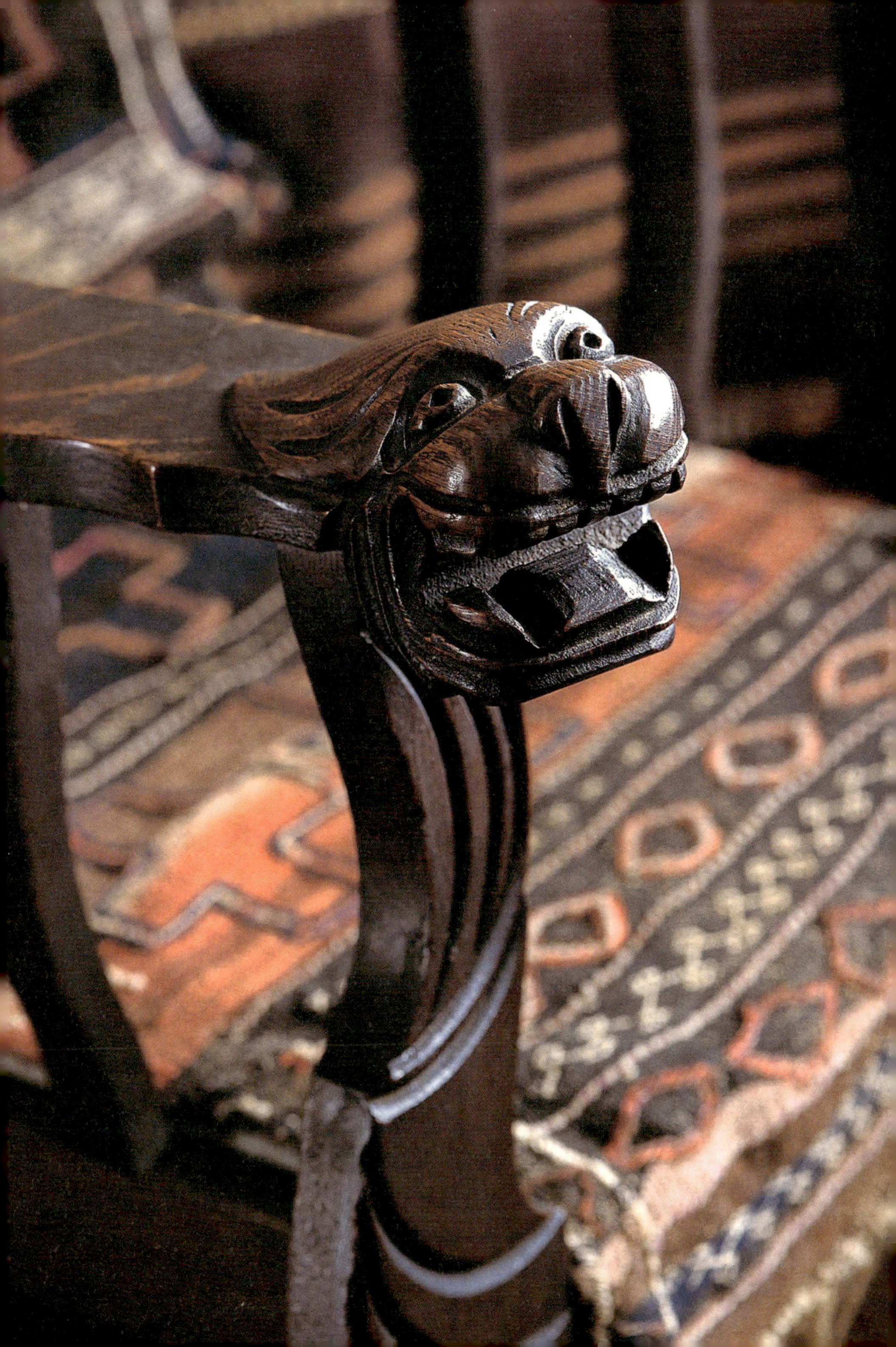

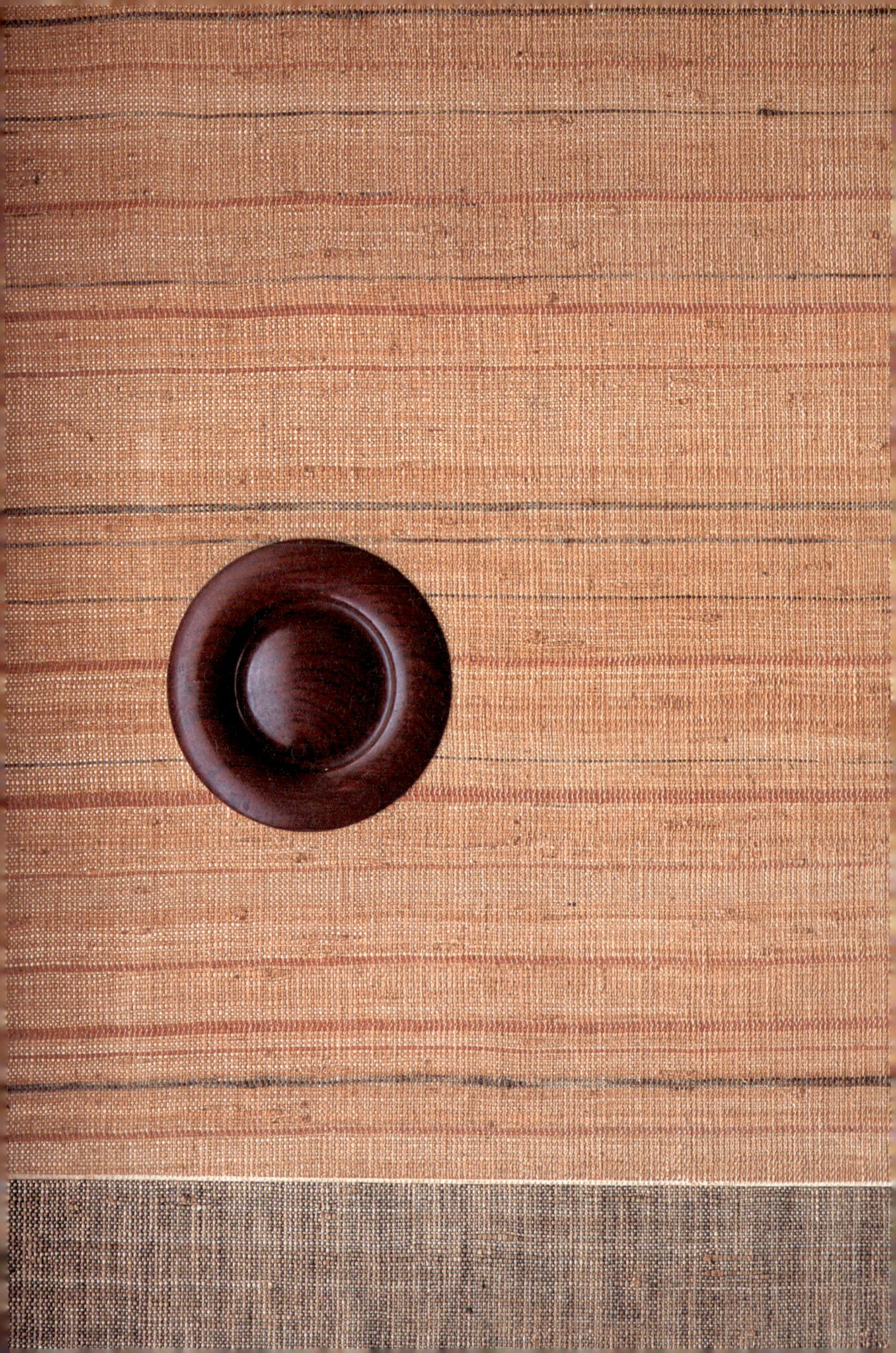

[左页] 贴布的拉门上的木头圆柄无可挑剔、设计独特,人在一楼客房就被其吸引。
[右页] 二楼西北角的小屋里有一把孤零零的椅子,据说是柳家用过的中国货。

[左页] 一楼客房的拉门，木与纸营造出清亮感。
[右页] 二楼走廊的木地板磨削精细，令人印象深刻。

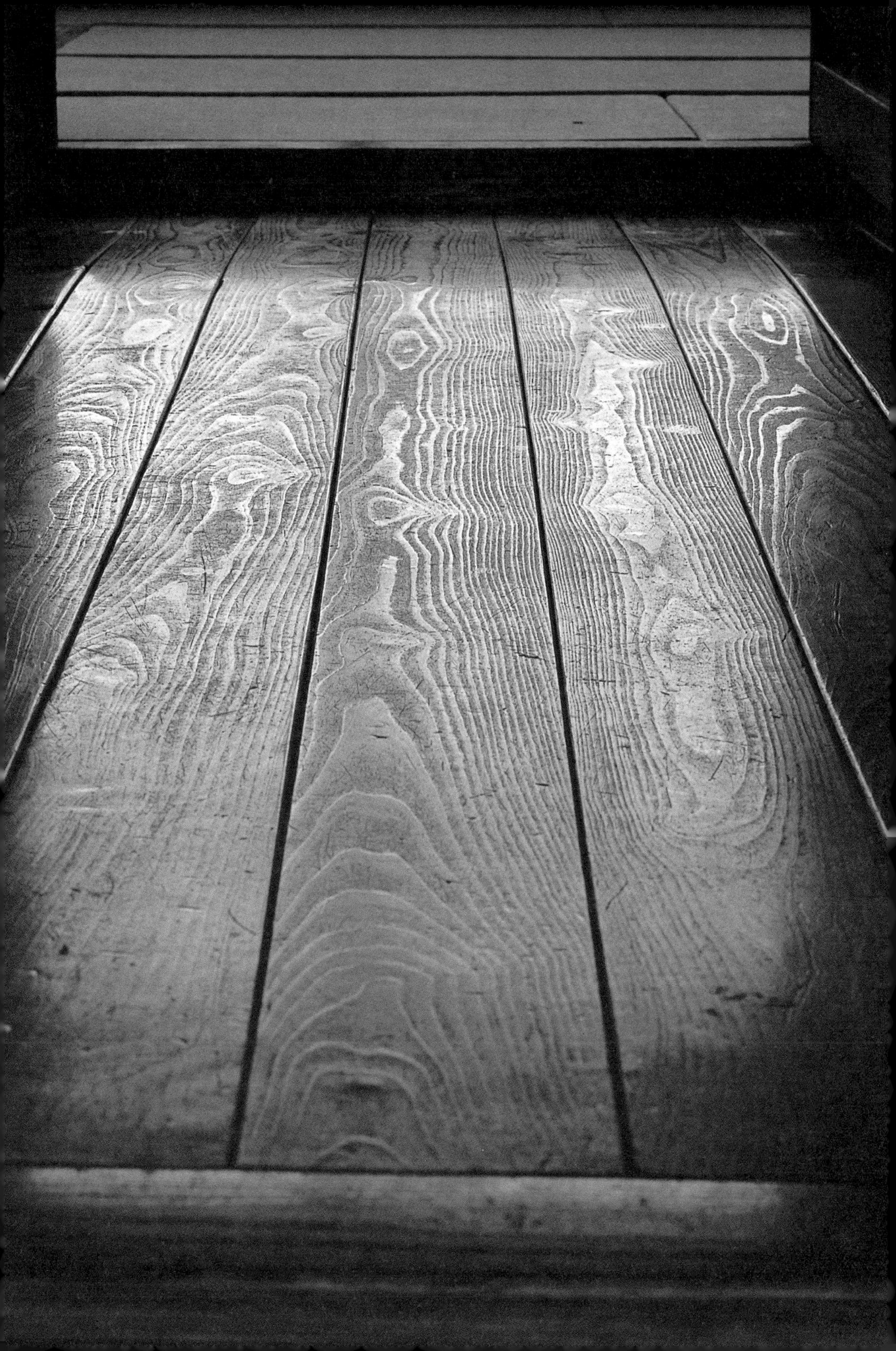

[左] 书斋桌子的柜门，典型的黑田辰秋风格。
[右] 一楼客房的灯罩是唯一一件从柳氏在世时留下来的照明用品。

[左]有点叫人在意的东侧楼梯的拐角处。
[右]二楼的洗脸台很漂亮但有点怪,龙头不够长难道是要接管子使用?

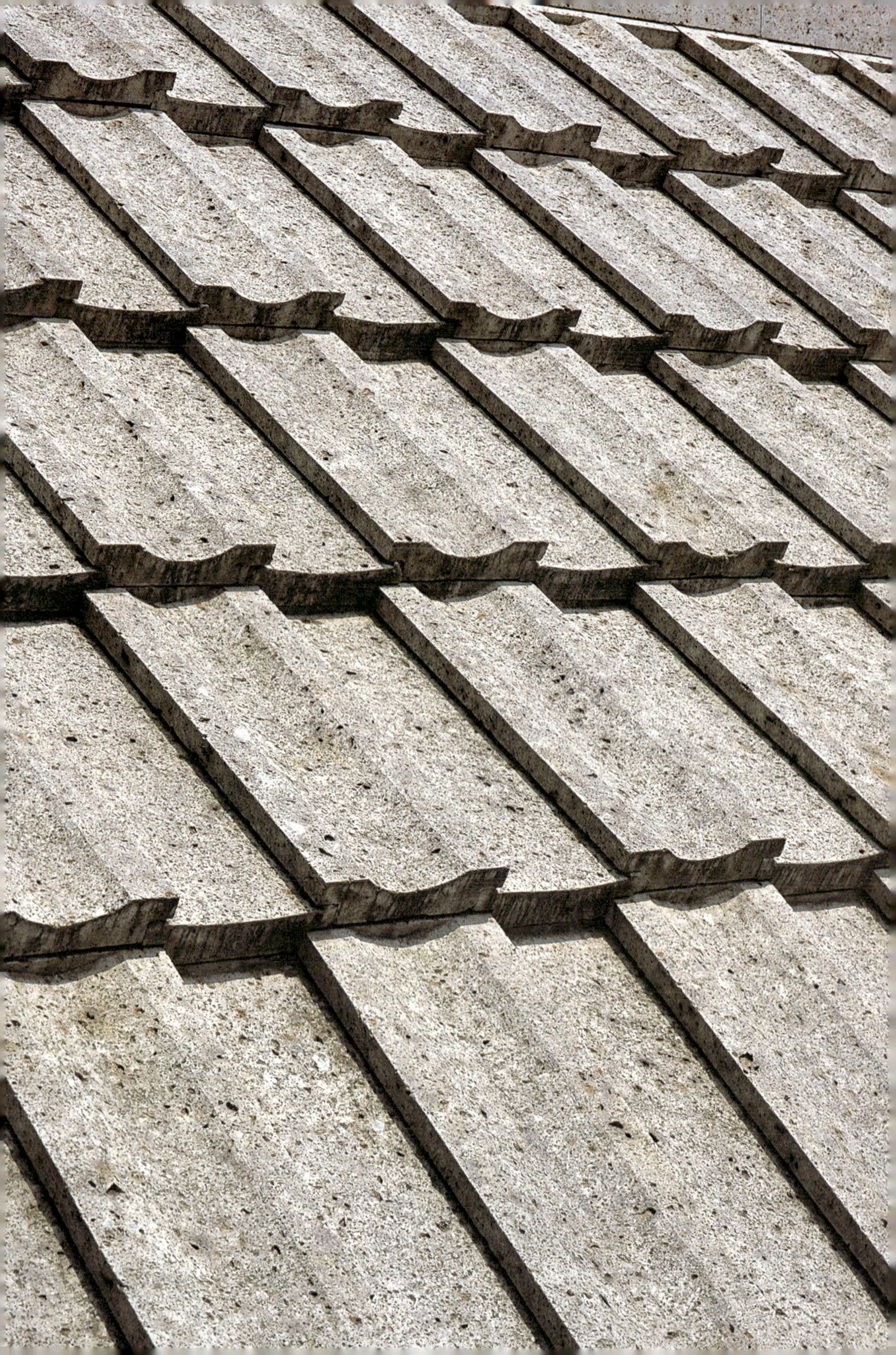

日本民艺馆西馆与本馆隔一条马路，是柳宗悦故居。其玄关栋是昭和9年（1934）将日光大路边的大户人家的长屋门搬建而成。作为建筑，该栋可谓民艺馆的核心，大量采用大谷石的创意，对于一年后开放的本馆的设计也有很大的影响，而且住宅的主屋也充分考虑了与该栋的协调。柳氏的用心似乎在屋顶上表现得尤为明显。

"大体说来，石屋顶在日本极其罕见；听说越前、纪伊有一点，但也都是模仿一般屋顶瓦的形状。可是，栃木县的全是石材本身产生的形状，相应的也有必然性，充分运用了石头的原味。"（《野州的石屋顶》）

112页的照片是从柳宅的二楼东南的房间拍摄的，无论是本瓦还是栈瓦，都与陶瓦不同，有一种笔直的线条，很有味道。

宗悦、兼子夫妇和宗悦母亲胜子搬进驹场的新家是在昭和10年（1935），八年后胜子去世。昭和36年（1961）宗悦72岁时也去世了。兼子夫人虽然长寿，但柳家的人一直把这座房子当作民艺馆的财产，所以宗悦去世后没多久就搬走了。由于各种情况，这座房子闲置了四十年，摇摇欲坠之际，终于开始了彻底翻修：抬高建筑物加强基础，刮掉沙壁重糊。二楼窗下不知何时消失的花架也按旧时的照片复原。终于在民艺馆开馆七十周年的平成18年（2006）开始向公众开放。

与特色鲜明的本馆、西馆玄关栋相比，柳宅主屋与战前中上阶层的一般日式住宅没有太大区别。当然，餐厅、书斋吸收西洋风格的手法相当细致，楼梯拐角平台的巧妙也出人意料（本馆的楼梯也很有味道）。考虑到传统日式建筑的楼梯没有什么可观之处，看来是游历过欧洲的柳氏的见识发挥了作用。在漫不经心的普通之中让人感觉匠心独运，这种妙处也许是语言和照片最难表达的，所以务请亲自光临！（编辑部）

柳氏家人团聚在餐桌边。
昭和 18 年（1943）7 月

书斋中撰文的柳宗悦。
照片提供:日本民艺馆(左页亦然)

西馆玄关栋是由日光大路边民居的长屋门搬建而成，在此（下图）脱鞋，拐进玄关。

在院子里喝茶，昭和 18 年（1943）前后。
照片提供：日本民艺馆

西馆玄关内部。出门之前,再次感受一下这种氛围吧。
摄影:松藤庄平

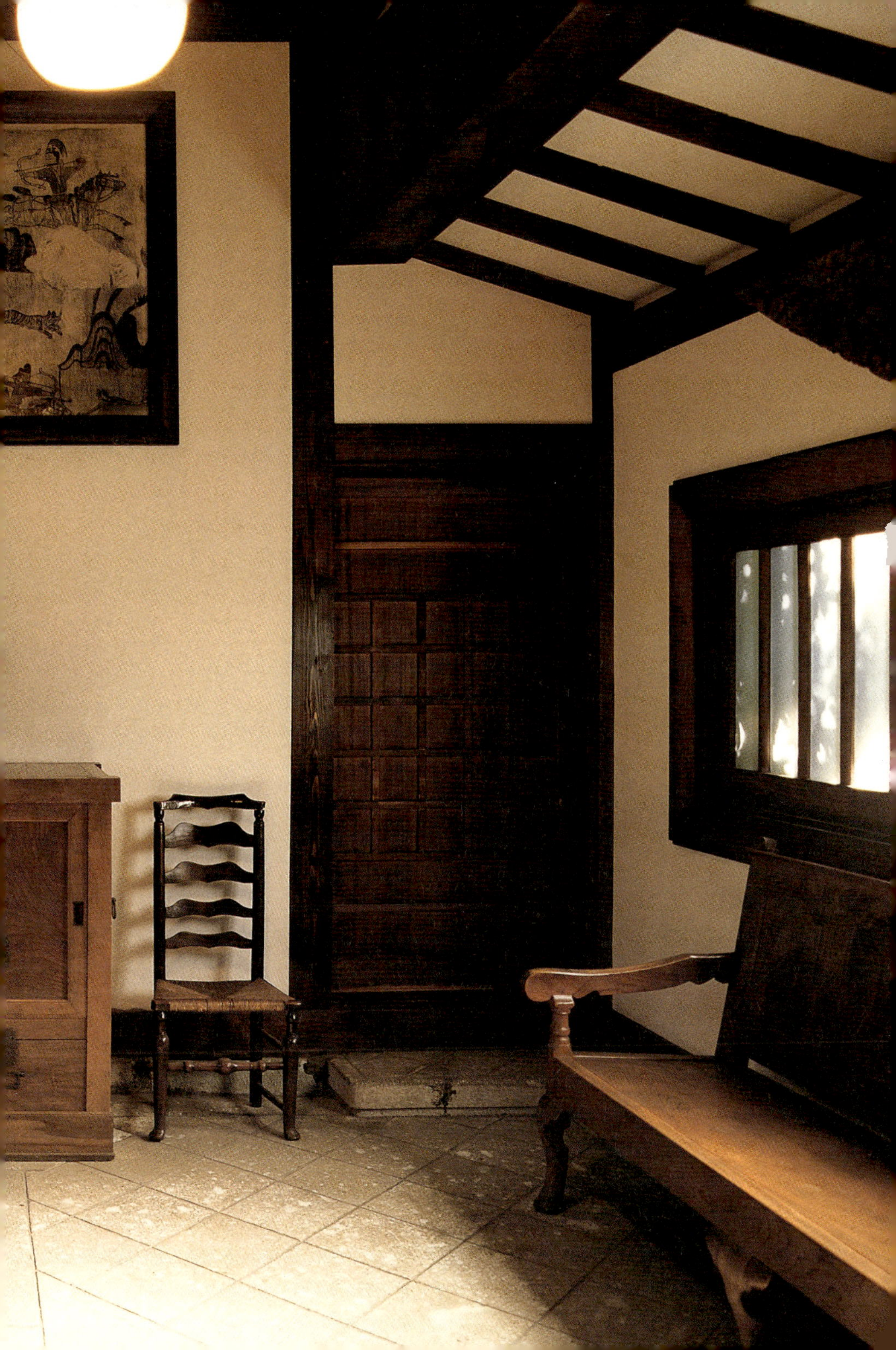

附录

日本民艺馆导游图
购买指南

日本民艺馆导游图

| 一楼 |

① ····· 前台
② ····· 新作工艺品商店
③ ····· 染织品陈列室
④ ····· 国外工艺品陈列室
⑤ ····· 古陶器陈列室

| 二楼 |

⑥ ····· 木漆器陈列室
⑦ ····· 绘画陈列室
⑧ ····· 同人作者作品陈列室
⑨ ····· 李朝工艺品陈列室
⑩ ····· 大展室（特别展陈列室）

一楼

二楼

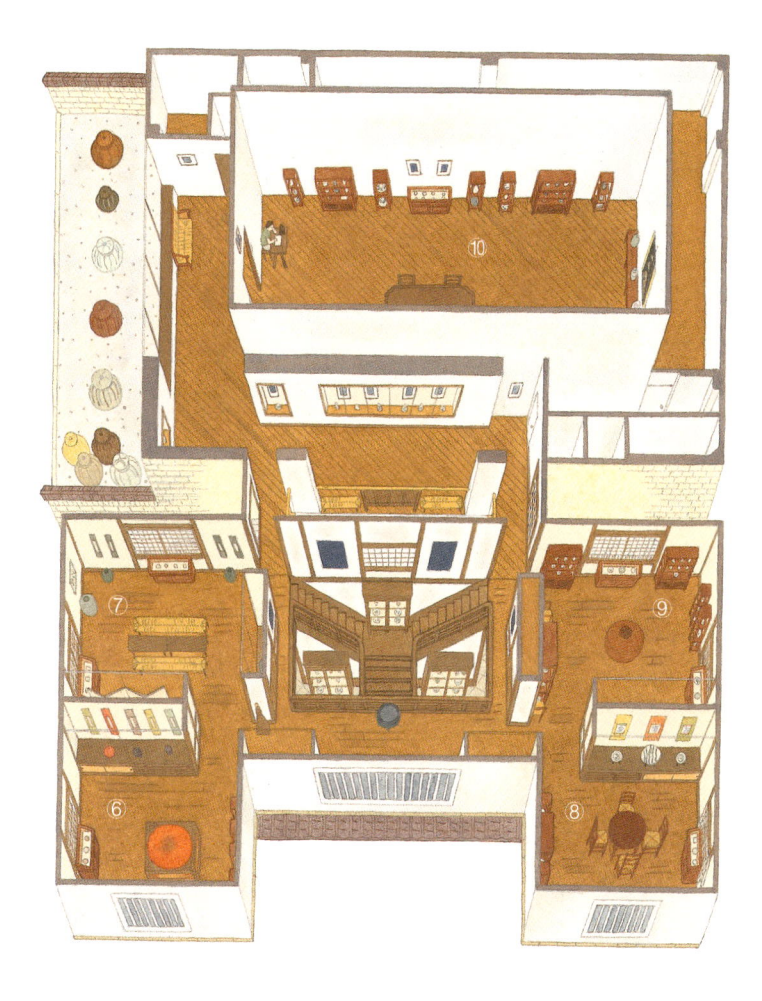

开放时间： 10:00~17:00（16:30 停止入馆）
西馆（柳宗悦故居）逢展览会期间的每月第二、第三个周三、周六（16:00 停止入馆，16:30 闭馆）
休 馆 日： 周一（若逢节日则开馆，次日休息）、元旦假期、陈列展示变更期
门　　票： 成人 1100 日元，学生 600 日元（初中生以下 200 日元）
交　　通： 驹场东大前站徒步 5 分钟
地　　址： 东京都目黑区驹场 4-3-33，邮编 153-0041
电　　话： 03-3467-4527　传真 03-3467-4537
网　　址： http://www.mingeikan.or.jp

插图：川上和生

五十岚元次的蛋糕碟虽然是白瓷,但并不会闪闪发亮,这点不错。还可以作为面包碟、取食物碟。
直径19.2cm

购买指南

也许在馆内待的时间最长的就是一楼的"新作工艺品商店"了。这里原本是织物的展室,二十年前成了商店(122页②)。小小的空间里摆满了篮子、砂锅、面碗、明信片、拖鞋、民艺方面的书籍,令人目不暇接,百看不厌。彩色的肥后(地名)球据说很受外国客人青睐。如果将其当作一般礼品店无视而过未免太可惜了,仔细找一找,可以淘到一些小巧精致的杂货,即使放在都市的单人公寓房里也合适。展柜中的日杂用品如今是高雅的美术品,但商店里的新工艺品、杂货的售价也很普通,都是些给我们的生活添姿添彩的物品。在此,我们罗列了一些顾客购买后反响不错的物品,仅供参考(根据季节有时会断货)。(编辑部)

韩国产黄铜勺(大)由于扁平,适宜于分取芜菁沙拉、土豆泥等。
长21.0cm

石川昌浩的玻璃杯略带黄色、厚实的玻璃缸有些小气泡,夏天盛凉菜应该很爽。
高7.2cm

烤蛋器（大）
看似英国陶器，其实是出自岛根县的汤町窑。可用明火直接加热煮荷包蛋，早餐人多时发挥作用。
口径9.0cm

熊本产竹筷
刚开始有点发白，用几次、洗几次颜色就慢慢变深了。筷头尖，夹食物方便。
长21.5cm

印度产的布料
做沙发套的话，一块布就能令整个房间明亮起来。
各120.0cm×250.0cm

本书是由《艺术新潮》2005年7月特刊《生活设计之源——走进日本民艺馆》重编、增补而成。增补的"第四章 与民艺一起生活的人家"是由《艺术新潮》2006年7月刊小特辑"与民艺一起生活的人家 复活的柳宗悦故居"编撰、增补而成。

主要参考文献

《民艺图鉴》全3卷 宝文馆 1960~1963
《新装·柳宗悦选集》全10卷 春秋社 1972
《民艺》1979年5月号 日本民艺协会
《柳宗悦全集 著作篇 第十六卷》筑摩书房 1981
《柳宗悦全集 图录篇 柳宗悦收藏 民艺大鉴》全5卷 筑摩书房 1981~1983
柳宗悦《民艺四十年》 岩波文库 1984
柳宗悦《收藏物语》 中公文库 1989
"柳宗悦展——'平常'之美·'日常'的神秘"展图录 三重县立美术馆协力会 1997
竹中均《柳宗悦·民艺·社会理论——文化研究之尝试》 明石书店 1999
《柳宗理随笔》 平凡社 2003
水尾比吕志《柳宗悦评传》 筑摩学艺文库 2004
柳宗悦《日本民艺馆导游》 财团法人日本民艺馆 2004
熊仓功夫+吉田宪司编《柳宗悦与民艺运动》 思文阁出版 2005